Colette Prommer & Michael Langoth

GEHÖRT GEKOCHT

Fotos von Studio Trizeps

Christian Brandstätter Verlag

ORF
RADIO ÖSTERREICH 1

Bibliografische Information der Deutschen Nationalbibliothek
Die Deutsche Nationalbibliothek verzeichnet diese Publikation in der Deutschen Nationalbibliografie; detaillierte bibliografische Daten sind im Internet über http://dnb.d-nb.de abrufbar.

1. Auflage 2006

Fotografie, Styling, Gestaltung, Produktion:
Studio Trizeps – Langoth & Fallnhauser GnBR
A-1070 Wien, Zollergasse 13
tel.: +43 1 5263393 fax: +43 1 5266020
email: studio@trizeps.com web: www.trizeps.com

Herstellung:
Grasl Druck & Neue Medien, A-2540 Bad Vöslau
web: www.grasl.co.at
Hergestellt im Grasl HQ-Druck mit motivorientierter Mikrorasterung.

Verlag:
Christian Brandstätter Verlag GmbH & CoKG
A-1080 Wien, Wickenburggasse 26
tel.: +43 1 5121543-0 fax: +43 1 5121543-231
email: info@cbv.at web: www.cbv.at

ISBN 3-902510-85-4 (Österreich)
ISBN 3-85033-025-7 (Deutschland)

INHALT

COLETTE PROMMER

Nicht nur das Fernsehen wartet mit Köchen auf, auch im Radio wird ein Mal pro Monat in der Sendeleiste „Ganz Ich" aufgekocht. Seit zwei Jahren ist sie den Ö1-Hörern ein Begriff, wenn sie mit Raffinesse aus jeder noch so einfachen Zutat eine kleine Köstlichkeit in der Radioküche fabriziert. Seit ihrer Kindheit erforschte Colette Prommer das Kochuniversum. Ausschlaggebend war ihre Großmutter, eine Berufsköchin in den besten Häusern: Durch sie bekam sie einen natürlichen Zugang zum Kochen. Von klein auf waren ihr Dinge wie Teigkneten, das Verlesen von Früchten, das Abschmecken von verschiedenen Gerichten oder das Prüfen von Fleischqualität vertraut. Alles drehte sich um feinste Zutaten, die „richtige" Konsistenz, Düfte, unterschiedliche Zubereitungsarten und den Geschmack. Mit ihrer Mutter – einer ebenfalls großartigen Kochforscherin – setzte sich das freudige Komponieren und Entwickeln lukullischer Spezialitäten fort. Freunde bekochen, mit ihnen aufkochen, Buffets für verschiedenste Anlässe zu kreieren und zu arrangieren oder ein festliches „Menu pour deux" gehören für Colette zur Lebensqualität, zum Savoir-vivre. Und so kam es, dass sie vor zwei Jahren erstmals in Ö1 auftrat. Und aus all ihren gesammelten Erfahrungen entstand „Frau Colettes Radioküche". „Kochen ist das Einsetzen aller Sinne, das Sehen, das Begreifen, das Riechen, das Schmecken, das Hören. Es impliziert Fantasie, Harmonie, Forschung, Kreativität und Spielen. Kochen ist Leben!" Unter diesem Motto versucht sie allmonatlich die Hörer zum Kochen „einzuladen". Colette Prommer hat sich auch einen kleinen Traum erfüllt und ein Kochbüro in einem Biedermeierhaus im 7. Wiener Gemeindebezirk eingerichtet. Ein Ort, wo sie Gerichte erforscht, in alten Kochbüchern schmökert und sich neue Leckerbissen für ihre Gäste ausdenkt. Es wirkt wie ein kleines Landhaus in Südfrankreich, von der Küche blickt man durch ein kleines Fenster in einen ehemaligen Kutscherhof mit Pergola. Ein idyllischer Wohlfühlplatz, der Lust auf Essen und Trinken macht.

MICHAEL LANGOTH

Fotograf, Musikproduzent, leidenschaftlicher Koch: Michael Langoth beschäftigt sich schon seit langem mit verschiedenen Ausdrucksformen von Kreativität und deren gemeinsamen, verbindenden Elementen. Seit mehr als 20 Jahren fotografiert er Essen im Fotostudio Trizeps, das er gemeinsam mit Josef Fallnhauser in Wien betreibt. Über diesen „Brotberuf" entstanden Kontakte zu vielen Köchen und Kulinarik-Experten, die sein Interesse am eigenen Kochen immer mehr vertieften. Das Reisen in ferne Länder hat seinen Gaumen geschärft, seine Aufmerksamkeit für „anderes Essen" geweckt. Offen für alle Geschmäcker, Düfte und neue Kreationen ist ihm fast nichts fremd, was es an essbaren Genüssen gibt. Als Musiker veröffentlichte er 2004 sein erstes Soloalbum „Sentimental Cooking", in dem er sich konzeptuell mit den Parallelen zwischen zeitgenössischer Musikproduktion und dem Kochen beschäftigt, wobei der Begriff „remixing" im Mittelpunkt steht. Anlässlich der CD-Präsentation ließ er 9 Köche für 300 geladene Gäste im stilvollen Rahmen des Wiener Palmenhauses aufkochen, während DJs an den Plattentellern für den akustischen Mix sorgten und der Visual-Künstler Fritz Fitzke die Live-Bilder vom Kochen verarbeitete und mittels Videobeamern in den Raum projizierte. Ein multimediales Remixing-Fest. Das zweite Langoth-Album namens „Grounding" ist im Sommer 2006 bei Sunshine Enterprises erschienen. Langoth verbindet Musik und Kochen auf spezielle Weise: Seit Jahren gibt es jeden Freitagabend in seiner Wiener Wohnung eine Art „Kochsalon", bei dem Freunde, Musiker und Künstler zusammen kochen und essen. Nach dem Dessert wird der Abend im Tonstudio samt umfangreicher Instrumentensammlung fortgesetzt. Die dabei spontan entstehenden Tracks und Loops werden dann von Langoth für seine Musikprojekte weiterverarbeitet.

EINLEITUNG

„Remixen Sie dieses Buch!"

In einer Zeit, in der industrielle Fertigprodukte und Fastfood rasant die alltägliche Nahrungsversorgung erobern, stellt sich nicht allein die Frage: Wie wird gekocht?, sondern eigentlich: Wird überhaupt noch gekocht? Viele Menschen haben – scheinbar – keine Zeit mehr zu kochen. Gleichzeitig sehnen wir uns nach einer authentischen Küche aus gesunden Zutaten, die einfach zu beschaffen sind. Wir wollen mit diesem Buch zeigen, dass es eine alltagstaugliche Kochkunst gibt: Köstliche Rezepte, deren Zubereitung manchmal nicht länger dauert als das Aufwärmen einer Tiefkühlpizza, raffinierte Speisen, mit denen man abends Gäste verwöhnt, ohne dass man schon am frühen Nachmittag in der Küche stehen muss. Anders als der gestresste Meisterkoch im Restaurant wollen ja die privat Kochenden auch noch mit den Gästen plaudern und dazu ein entspanntes „Kochachterl" trinken. Kurz: Gastgeber und Gäste wollen sich einfach wohlfühlen. Wie das funktioniert, zeigt Ihnen dieses Buch.

Die neue Kochkultur setzt sich bewusst von der „haute cuisine", die vor allem Prestige-Bedürfnisse bedient, ab. Sie ist vielmehr eine unkomplizierte Alltags-Küche, sozusagen eine „cucina povera", die mit einfachen Zutaten aber mit hoher Kreativität die besten Speisen hervorbringt. Dabei sind die Kochstile in diesem Buch gut durchmischt: Ausgehend von einigen Klassikern der österreichischen Küche, die uns lieb und teuer sind, wird der Bogen über mediterran inspirierte Rezepte gespannt, bis hin zu asiatischen und arabischen Kochtraditionen. Im Sinne einer Fusions-Küche kombinieren wir dort, wo es Sinn macht, durchaus die regional unterschiedlichen Kochtechniken, begeben uns auf die Suche nach neuartigen Zutaten und Kombinationsmöglichkeiten und halten den konservativen Kochpuristen und Kritikern des so genannten fusion-cooking entgegen, dass Kochstile immer schon durch andere Kulturen beeinflusst wurden, sich vermischt und sich ständig verändert haben. Diese gegenseitige Durchdringung und Befruchtung war und ist in der Kochkultur wahrscheinlich stärker als in anderen kulturellen Bereichen, Kochtraditionen sind immer in Bewegung, veränderlich im komplexen Spiel der gegenseitigen Einflüsse. Selbst vermeintlich seit Urzeiten bodenständige „Nationalspeisen" entpuppen sich bei genauerer Recherche als Ergebnisse fremder Einflüsse, die noch gar nicht so lange zurückliegen: Das Wienerschnitzel stammt aus Norditalien, das Gulasch aus Ungarn und zuvor aus Zentralasien, die Knödel aus Böhmen.

Ein großes Anliegen ist uns, immer gute und frische Zutaten zu verwenden. Es ist fast schon ein Sport, immer wieder neue Geschäfte, Marktstände oder Supermärkte zu finden, wo man gerade die schönsten, feinsten und auch günstigsten Filetspitzen der Stadt bekommt, wo die wohlfeilsten Goldbrassen angeboten werden oder wo garantiert immer frischer Koriander im Sortiment ist. Wichtig ist uns auch, dass man alle Gerichte relativ rasch und unkompliziert zubereiten kann. Es geht um eine alltagstaugliche, entspannte Küche, die auf die zeitgenössische Lebensrealität Rücksicht nimmt. Wenn man Zeit und Lust hat, einen Fond oder eine Bouillon selbst herzustellen – gut und schön. Im hektischen Alltag wird das allerdings wohl eher selten vorkommen, weil es sich zeitlich nicht ausgeht. Kann man also einfach einen Suppenwürfel oder andere Halbfertigprodukte verwenden und trotzdem gut kochen? Wir denken, ja. Denn es geht uns um eine Küche, die auf Prestige verzichtet und die vor allem eines will: Mit einfachsten Mitteln Köstlichkeiten herbeizaubern!

Bei den Mengenangaben der Zutaten haben wir uns bemüht, möglichst genau zu sein. Das ist uns gar nicht leicht gefallen, da für uns beim Kochen die Intuition, das „Gespür" die Hauptrolle spielt. Exaktes Wiegen und Abmessen kommt nämlich in unseren Küchen so gut wie gar nicht vor. Wir sind der Meinung, dass selbst die genaueste Rezeptur dieses Gespür für „Geschmacksbalance" nicht ersetzen kann. Kosten Sie so oft wie möglich! Kochen ist eben alles andere als eine exakte Wissenschaft. Die Nahrungsmittelindustrie bemüht sich zwar krampfhaft, immer ein gleich bleibendes Geschmacksergebnis zu erreichen – beim Kochen verhält es sich jedoch ganz anders: Jedes Gericht ist ein Unikat, das nie ganz genau reproduziert werden kann und jedes Mal mehr oder weniger anders schmecken wird, abhängig von der Persönlichkeit des Kochs, von der oft extrem variierenden Qualität der Zutaten und von unzähligen anderen Faktoren, wie zum Beispiel der Art des verwendeten Herdes (offene Flamme oder Elektroplatte, ganz zu schweigen vom Mikrowellenherd). Selbst das Klima, das mikrobiologische Umfeld und die Kochgeräte spielen eine Rolle. Auch die in den Rezepturen angegebenen Garzeiten sollten deshalb nur als ungefähre Richtwerte betrachtet werden. Wiederholtes Kosten und Abschmecken ist also ebenso unerlässlich wie das Überprüfen der gewünschten Konsistenz durch Drücken, Anstechen oder Reinbeißen. Die richtige Weichheit oder Knackigkeit, der Biss und die richtige Saftigkeit müssen erspürt werden.

Bei der Auswahl der Rezepte haben wir darauf geachtet, eine Vielfalt an unterschiedlichen Kochtechniken vorzustellen, die verschiedene Herstellungsprinzipien veranschaulichen. Diese können dann im Detail unendlich oft abgewandelt werden. Betrachten Sie deshalb dieses Buch einfach als Inspirationsquelle, variieren Sie die Zutaten und verändern Sie die Rezepte nach Lust und Laune. Oder, um einen „zeitgeistigen" Ausdruck zu verwenden: „Remixen" Sie dieses Buch!

VORSPEISEN

EI COLETTE

Dieses Rezept stammt von der großen französischen Literatin und Köchin Colette. Der Hang der Pariser Salon-Muse zur Schlemmerei und den Sinnenfreuden des Lebens ist legendär und hat in ihren Romanen einen großen Raum eingenommen. Die genusssüchtige Feinschmeckerin, die gerne viele Gäste bekochte, konnte auch mit einfachsten Zutaten sehr effektvolle Gerichte zaubern, wie eben dieses feine Rotweinei. Es gehört zu unseren Lieblingsspeisen, nicht nur, weil es so schön aussieht, sondern weil es auch unheimlich gut schmeckt. Eine kleine Glücksspeise, ein wahrer Magenschmeichler!

In der französischen Küche wird ja im Allgemeinen mit Alkohol nicht gespart. Die samtige, kräftige und doch milde Purpursauce mit dem warmen Ei erzeugt ein Wohlgefühl und ist ein feiner Auftakt zu einem Menü. Wenn 2 Eier serviert werden, kann „Ei Colette" mit einem Salat als Beilage auch als Hauptspeise serviert werden. Es wird auch das Matrosenei genannt, vielleicht weil es den hungrigen Magen rasch versöhnt und Kraft gibt, wie den ausgehungerten Männern der See, wenn sie an Land kamen. Die heiße Weinsauce – durch die Zuckerbeigabe wird die Säure gelindert – heizt schön ein und stimmt den Gast vorab schon fröhlich. Die Zubereitung geht rascher als man glaubt und der richtige Guss zum Schluss mit der dunkelroten Samtdecke krönt diese Delikatesse.

CP

1/2 l guter Rotwein
3 kleine Schalotten
Pfefferkörner
2 Knoblauchzehen
1 Lorbeerblatt
2–3 Zweige Thymian
2–3 Salbeiblätter
1 Glas Bratensaft (fertig aus dem Supermarkt)
1–2 EL brauner Zucker
2 EL Mehl
Butter für Sauce und Toast
4 Toastscheiben
4 Eier

Schalotten und Knoblauch klein schneiden und mit allen Gewürzen und Kräutern (im Ganzen) im Rotwein kochen, bis die Menge auf die Hälfte einreduziert ist. 2 EL Butter und 2 EL Mehl miteinander abrühren und dazugeben, den Bratensaft und den Zucker beifügen, nochmals ein wenig köcheln lassen. Daneben 4 Eier kernweich kochen, Toastscheiben in Butter goldbraun anrösten, dann diagonal halbieren und die Rinde wegschneiden. Die Brotscheiben in einen kleinen schalenförmigen Teller oder eine kleine Schüssel legen, jeweils 1 geschältes Ei darauf geben und mit der Weinsauce, die durch ein Sieb gestrichen wurde, übergießen. So heiß wie möglich servieren.

PROSCIUTTO-SALAT

12–16 Scheiben Prosciutto
(oder Serrano)
12 frische Lychees
grüne Pfefferkörner
2 Handvoll Ruccola
getrocknete Berberitze
Balsamico-Essig
Olivenöl

Lychees schälen, die hauchdünn geschnittenen Schinkenblätter mit allen Zutaten auf die Teller arrangieren und mit Balsamico und Öl marinieren.

Über Prosciutto wurden bereits Bücher geschrieben. Die wohl berühmtesten Vertreter kommen aus Parma und San Daniele. Schon beim ersten Biss in dieses unglaublich feine Stück Fleisch kann man verstehen, dass man es mit einer Delikatesse zu tun hat. Und wer schon einmal einen wirklich feinen „prosciutto crudo" genossen hat, der weiß, wovon die Rede ist. In guten Geschäften wird auch darauf geachtet, dass er richtig fein geschnitten und jede Lage mit einem dünnen Zwischenpapier getrennt wird, damit die Blätter nicht aufeinander kleben. Auch Spanien hat eine hervorragende Schinkenkultur. Die Sorten Serrano und besonders Iberico können es mit den Italienern durchaus aufnehmen.

Lychees sind vom Frühsommer bis zum Winter erhältlich. Diese süßen, weichen Früchte schmecken einfach paradiesisch. Außerdem gehören sie zu den erotischsten und schönsten Gebilden, die es gibt. Wenn sie frisch gekauft werden, sind sie 1 Woche gut lagerfähig. Die harte, leicht stachelige Schale lässt kaum vermuten, dass sich darunter eine weiße, samtige Frucht versteckt. Ab Februar ist die Saison allerdings vorbei und man muss auf Dosenfrüchte zurückgreifen.

Der salzige Geschmack des Schinkens, kombiniert mit der süßlich-erfrischenden Komponente der Lychees ergibt ein sehr feines Gaumenerlebnis. Eine wahre Verführungsspeise, die durch den frischen grünen Pfeffer und die zarte Säure der Berberitze für einen zusätzlichen Spannungseffekt sorgt.

CP

HÜHNERLEBERPATÉ

Diese Creme ist ein sicherer Erfolg bei Festen und Buffets. Ich bereite sie jedes Mal mit anderen Gewürzen zu, das bringt Abwechslung und es schmeckt auch hervorragend, wenn zum Beispiel Thymian oder Koriander die Geschmacksträger sind. Die Zubereitung bleibt die gleiche. Bei diesem Rezept gibt der Rosmarin den Ton an.

Beim Einkauf ist darauf zu achten, dass man eine wirklich schöne, frische, dunkelrote Leber bekommt. Ich habe das Glück, seit 20 Jahren beim Geflügelhändler meines Vertrauens zu kaufen. Vor dem Braten ist es sehr wichtig, dass die kleine dunkle Galle entfernt wird, da sonst die ganze Angelegenheit äußerst bitter werden kann. Die Intensität und Kraft kommen bei dieser Speise durch das frische Gewürz, einen guten Senf und einen kräftigen Wein zustande. Es ist wie bei allen Kochgeschichten, je besser die Produkte, desto schöner das Ergebnis. Ich salze immer am Schluss, damit die Leber nicht hart wird. Dazu passt sehr gut eine Art Cumberlandsauce. Das angegebene Rezept ist meine persönliche Variante dieses Klassikers. Mit einer frischen Baguette harmoniert die Hühnerlebercreme am besten.

Im Kühlschrank hält die Creme 3–4 Tage. Wenn man sie nicht nur als Aufstrich essen möchte, schmeckt sie auch sehr gut als Fülle in einer Palatschinke oder als feine Sauce zu Bandnudeln. Dazu die Paté mit ein wenig Schlagobers erhitzen, mit den Nudeln mischen. Über das fertige Gericht gebratene Rosmarinnadeln und frisch geriebenen Parmesan streuen.

CP

400 g Hühnerleber
3 Schalotten
2 Knoblauchzehen
1 Zweig Rosmarin
Olivenöl
3 EL Butter
1/4 l Schlagobers
2 EL Dijonsenf
1/4 l kräftiger Rotwein
Salz & Pfeffer

Sauce Cumberland:
200 g Preiselbeermarmelade
1/8 l Rotwein
Saft und Zesten (Schalen) einer unbehandelten Orange
1 EL Dijonsenf
Ingwer
Honig

Schalotten und Knoblauchzehen schälen, fein schneiden und im Olivenöl-Buttergemisch anbraten. Die Hühnerleber gründlich putzen, klein schneiden und in die Pfanne geben. Senf und die kleingeschnittenen Rosmarinnadeln dazugeben. Alles miteinander gut rösten, dann mit dem Rotwein ablöschen, pfeffern. Einreduzieren lassen, bis eine relativ feste Masse entsteht, auskühlen lassen. In einem Cutter fein pürieren und mit Schlagobers die Konsistenz abstimmen, mit Salz abschmecken.

Orangenzesten und Ingwer (beides fein gerieben) in Rotwein köcheln. Preiselbeermarmelade mit Orangensaft, Honig und Senf verrühren. Dann alles zusammenmischen.

SPECKDATTELN

20 Datteln
(gibt es entkernt zu kaufen
oder frisch am Markt)
ca. 20 Scheiben Bauchspeck
oder fein geschnittener Prosciutto
100 g Gorgonzola oder Käse Ihrer Wahl
(z.B. Ziegenkäse)
3 EL geriebene Kürbiskerne

Die Datteln werden wenn nötig entkernt und mit einem kleinen Stück Gorgonzola gefüllt. Dann drückt man sie leicht zusammen und wickelt sie in ein Blatt Speck. Das Ende ein wenig andrücken, der Speck hält durch das Braten.

Wenn man Prosciutto oder einen anderen Schinken nimmt, die Blätter halbieren, da sie sonst zu breit sind.

In einer beschichteten Pfanne ohne Fett bei mittlerer Hitze rundherum anbraten, bis ein wenig Käse austritt. Die Kürbiskerne darüber streuen.

Sie können dieses Rezept auch mit Dörrzwetschken probieren.

Ein Gericht mit spanischen Wurzeln, eine typische Tapasspezialität, ein Süchtigmacher! Wo sonst, als in Spanien konnte sich ein derartiges Rezept entwickeln: Man könnte es eine „Vermählung" der maurischen Dattel mit dem christlichen Schweinespeck nennen.

Wer einmal in so eine heiße Speckdattel gebissen hat, der wird es immer wieder tun – müssen! Diese kleinen Freudenspender sind der Hit bei jedem Abendessen oder auf einer Party, zu Wein gereicht. Pur oder auf einem kleinen Salatbett angerichtet, stillen sie den ersten Hunger und schaffen eine gute Unterlage.

Beim Braten locken sie die Gäste mit ihrem betörend süßlichen Duft und werden oft zum Mittelpunkt bei einer Grillerei. Wir haben schon einige Abende länger als geplant an einer Herdflamme verbracht, da die Nachfrage so groß war. Das hat was Geselliges, wenn die Gäste lauernd und plaudernd um den Koch geschart sind.

CP

ILSEFONDO

Wir alle kennen und viele lieben das erfrischende Sommer- und Zwischendurchgericht „Mozzarella mit Tomate“. In den 1980ern aus italophiler Sentimentalität auf unseren Tischen gelandet, ist die schnelle Speise immer noch in fast aller Munde

Es muss doch, so dachten wir, auch eine „heimische“ Antwort geben. Und siehe da: das Ergebnis ist erstens farblich eine perfekte Lösung und geschmacklich eine Sensation! Die süßliche rote Rübe und der pikante, säuerliche, aber milde Schafkäse sind eine wunderbare Kombination. Als weiterer Tribut an unsere Heimat kann es nur Kürbiskernöl sein, das die Vollendung bringt. Die Liebhaber dieses steirischen Nationalproduktes beziehen das Öl aus der Mühle ihrer Wahl. Wer keine solche Quelle hat, sollte im Naturkostladen oder auf einem Bauernmarkt fündig werden.

Einzig das Basilikum darf als Erinnerung an das italienische Original dabei sein. Etwas Pfeffer dazu, aber nicht salzen, da der Käse in den meisten Fällen bereits genug Würze mitbringt.

Es empfiehlt sich, beim Schneiden der roten Rüben dünne Haushaltshandschuhe anzuziehen, da die Rüben sehr stark färben und trotz intensivem Waschen der Hände bleibt die Farbe über Stunden.

Aus den Abschnitten, die beim Würfelbau übrigbleiben, lässt sich ein sehr feiner Aufstrich herstellen. Die Reste von Rübe und Käse in einem Cutter mit Kernöl und Pfeffer fein pürieren. Dieser Aufstrich passt gut auf ein frisches Schwarzbrot oder als Auflage auf Pumpernickel.

CP

4 gekochte rote Rüben
(fertig aus dem Supermarkt)
250 g Schafkäse (Feta)
Kürbiskernöl
Basilikum

Die roten Rüben in Würfelform und den Käse in möglichst gleich große Würfel schneiden. Diese in 4–5 mm starke Scheiben teilen, jeweils eine Rübenscheibe und eine Käsescheibe abwechselnd aufeinander schichten.

Die Abschnitte aufheben, daraus wird später ein feiner Aufstrich gemacht.

Basilikum in feine Streifen schneiden und um den Aufbau drapieren. Mit einem guten Kernöl übergießen, nur pfeffern, nicht salzen.

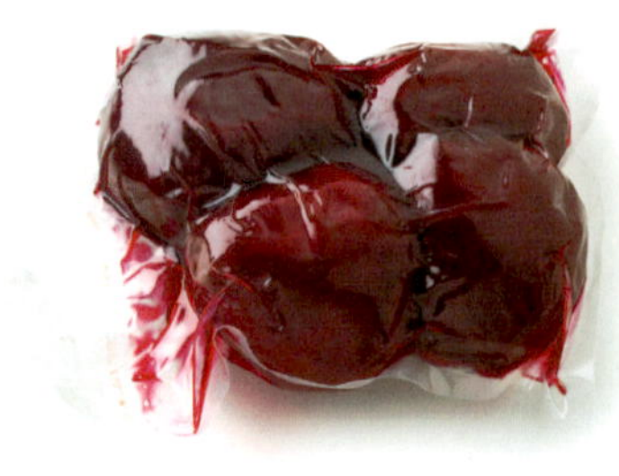

BLÄTTERTEIGSCHNECKEN

2 Rollen Blätterteig (eine pro Fülle)
(fertig aus der Kühlvitrine des Supermarkts)

1. Fülle:
1 fingergroßes Stück Ingwer
1/2 kg Karotten
Olivenöl
1/8 l Sauerrahm
2 EL Dijonsenf
Salz & Pfeffer

2. Fülle:
2 Stangen Jungzwiebel
150 g Speckwürfel
1/4 l Sauerrahm
Salz & Pfeffer

Geriebener Emmentaler oder Käse nach Wahl zum Bestreuen der Schnecken

Es liest sich schwieriger als es ist! Vorab sei gesagt, pro Teig und Fülle ergeben sich ungefähr 40 Stück Schnecken, je nachdem wie die Scheiben geschnitten werden. Beim Auflegen ein wenig Abstand zwischen den Teigröllchen lassen, da sie beim Backen aufgehen.

Die Fülle sollte nicht zu saftig sein, da sonst der Teig eventuell reißen kann. Die Blätterteigschnecken werden die ersten 15 Minuten mit Oberhitze gebacken, damit der Teig aufgehen kann, die letzten 5 Minuten mit Umluft, damit die Oberflächen richtig kross werden.

Diese Köstlichkeit lässt sich unendlich variieren. Jedem seine Lieblingsfülle! Zum Beispiel ist's im Frühling mit Bärlauch sehr bekömmlich, den es in Hülle und Fülle in Augebieten und in feuchten Wäldern gibt. Wer in keiner Wildknofelgegend lebt, bekommt ihn bereits im Supermarkt. Weitere feine Varianten sind dünn geschnittener Radicchio mit Gorgonzola oder eine Mischung aus roter Rübe und Schafkäse. Wie bereits gesagt, jedem das Seine! Blätterteigschnecken sind eine wunderbare Jause. Ob am Nachmittag zum Tee, als Begleiter zum Drink oder für ein Picknick, sie schmecken kalt wie heiß sehr fein.

CP

Backrohr auf 180 Grad vorheizen. Den Ingwer schälen, dann auf einer Reibe auf der feinsten Seite reiben. Die Karotten schälen und mittelfein reiben. Olivenöl in einer Pfanne erhitzen, Karotten leicht anbraten, den Ingwer beifügen, kurz mitrösten, mit Dijonsenf und Sauerrahm vermengen, salzen, pfeffern, die Masse auskühlen lassen.

Speck in der Pfanne anrösten, den fein geschnittenen Jungzwiebel dazugeben, mit ein wenig Wasser weich dünsten, bis die Flüssigkeit ganz verdampft ist, Sauerrahm dazugeben, pfeffern, beim Salzen aufpassen, da der Speck meistens schon genug würzt.

Den Blätterteig ausrollen, in 4 gleich große Rechtecke schneiden und die Fülle auf die unteren Hälften der Teigstücke aufstreichen. Alle Rechtecke zu engen Rollen drehen und in ca. 2 cm Abständen in Stücke schneiden. Auf einem Blech Backpapier auflegen und die kleinen Scheiben mit der Schnittfläche auflegen. Jede „Schnecke" mit ein wenig Käse bestreuen und für 20 Minuten ins Rohr geben.

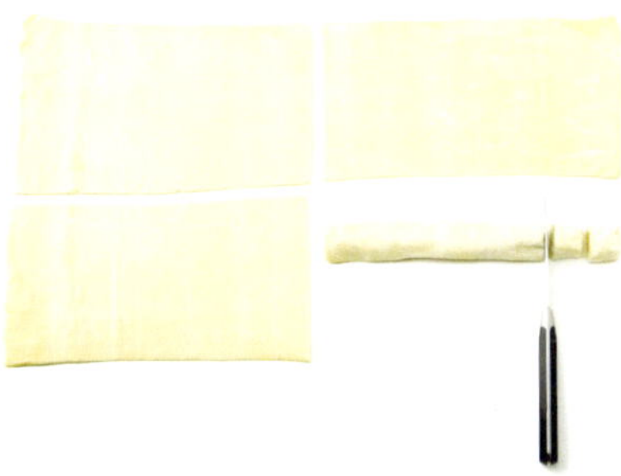

GEBRATENER ZIEGENKÄSE

Ziegenkäse hat einen ganz eigenen Duft. Sein würziger, leicht säuerlicher Geschmack ist unverkennbar. Deshalb ist das Paprikabett absichtlich geschmacklich reduziert, damit nicht zu viele intensive Geschmäcker zusammenkommen.

Ziegenkäse gibt es in mehreren Reifestufen. Das beginnt bei den jungen Milden – für Einsteiger empfohlen – die fein und streichfähig sind, und geht bis hin zu den sehr Würzigen, die eine kreideartige Konsistenz haben. Man bekommt sie als Kugel, Pyramide, Rolle oder bereits in Scheiben geschnitten. Für Kuhmilchallergiker ist Ziegenkäse eine köstliche Alternative, er ist gesund, leicht verdaulich und hat weniger Fettanteile als Kuhkäse. Mittlerweile kann man ihn in mehreren Varianten im Supermarkt kaufen.

Wer noch mehr aus dem Paprika rausholen will, der bereitet sie nach Art der spanischen „pimientos“ zu: Auf einem Backblech im Rohr bei großer Hitze solange braten lassen, bis die Häute fast schwarz sind. Allerdings ist das Häuten bei dieser Variante nicht ganz so einfach.

CP

4 Scheiben Ziegenkäse mit 1,5 cm Stärke
4–8 Prosciuttoscheiben
Rosmarinzweige
1/2 kg rote reife Paprika
Olivenöl
Balsamico-Essig
Salz
Pfeffer

Backrohr auf 220 Grad vorheizen. Die Prosciuttoscheiben der Länge nach zusammenklappen, damit sie ungefähr die Höhe einer Ziegenrolle bekommen. Die Käsescheiben mit den Schinkenblättern umwickeln und mit Stücken von Rosmarinzweigen fixieren. Auf ein Blech legen und mit Oberhitze ca. 10 Minuten braten, bis der Käse Bläschen wirft und zu brutzeln beginnt.

Die Paprika kurz in kochendem Wasser blanchieren, bis sie aufplatzen. Herausnehmen und schälen, die Kerne entfernen und noch heiß mit Olivenöl, Balsamico-Essig, Salz und Pfeffer in einer Küchenmaschine fein pürieren.

SPINAT MIT HUHN & ERDNUSSDRESSING

1 ausgelöste Hühnerbrust
800 g frische kleine Spinatblätter
Erdnussbutter
helle Sojasauce
Reisessig
Chilipaste
Sesamöl

Die jungen, noch kleinen Spinatblätter sind das erste Grün des Frühlings. Man kann sie roh als Salat essen oder extrem kurz in wallendem Salzwasser blanchieren – maximal 30 Sekunden – weich und zart sind sie ja schon. Am besten funktioniert das in einem Pastatopf mit Sieb-Einsatz oder einem Spitzsieb, das man kurz in das kochende Wasser taucht. Bitte keinen ausgewachsenen Spinat mit dicken, fasrigen Stängeln verwenden! Außerdem sollte Spinat immer sehr sorgfältig gewaschen werden, weil er oft sandig ist, was dann beim Essen ungut zwischen den Zähnen knirscht. Vorgewaschene Blätter im prall aufgeblasenen Schutzbeutel aus dem Supermarkt sind ein tadelloses Produkt, solange sie ganz und nicht geschnitten sind.

Die Idee der Vinaigrette variieren wir bei diesem Gericht durch die Verwendung von Erdnussbutter in Kombination mit asiatischen „Geschmäckern" wie Sojasauce, Sesamöl und Reisessig. Ein bisschen Schärfe kommt in Form von süßer Chilipaste dazu, zum Beispiel „gochujang" aus Korea. Alles muss intensiv zu einer sämigen Creme gerührt und abgeschmeckt werden. Wenn der Geschmack zu stark sein sollte, kann man ruhig mit einem Schuss Wasser gegensteuern.

ML

Die Hühnerbrust salzen und im Ganzen nicht zu lange anbraten, sie sollte im Kern noch leicht rosig sein. In Alufolie wickeln und kühlen lassen.

Die gewaschenen Spinatblätter ganz kurz in kochendem Salzwasser blanchieren, abtropfen lassen und auf den Tellern anrichten. Das Fleisch in dünne Scheiben schneiden und auf den Spinat legen.

Etwa ein Esslöffel Erdnussbutter mit etwas heller Sojasauce, ein bisschen Chilipaste, ein paar Spritzern Sesamöl und etwas Reisessig gut verrühren und abschmecken! Falls die Konsistenz noch zu dick oder der Geschmack zu intensiv ist, mit ein bisschen Wasser verdünnen.

Dieses Gericht kalt oder höchstens lauwarm servieren.

FORELLENMOUSSE

Wir verwenden hier geräucherte Forellenfilets, die in den meisten Supermärkten im Kühlregal fertig angeboten werden. Sie haben einen feinen, aber dennoch gehaltvollen Geschmack. Etwas kräftiger wird die Mousse durch die Verwendung von Makrelenfilets. Die sehr fein geriebenen Schalen der Zitrone oder Limette geben der Mousse die notwendige Frische, der Senf macht eine dezente Schärfe, ein sehr guter Essig krönt durch seine subtile Säure. Dazu passt frisch getoastetes Weißbrot.

Zu Bällchen oder Nockerl geformt eignet sich die Forellenmousse auch als Suppeneinlage, zum Beispiel in Kerbel- oder Spargelcremesuppe.

CP

360 g geräucherte Forellenfilets
ca. 1/4 l Schlagobers
2 EL Dijonsenf
Balsamico-Essig
Die Schale einer unbehandelten Zitrone
Salz und Pfeffer

Die Filets mit Salz, Pfeffer, dem Balsamico-Essig und Dijonsenf in einem Cutter fein pürieren, mit dem Schlagobers nach und nach aufgießen, bis die richtige Konsistenz entsteht, aufpassen, dass es nicht zu flüssig wird.

Aus der Masse kleine Kugeln formen oder in leicht gefettete Formen pressen. Auf einem Salatbett nach Wahl servieren, dieses vorher leicht marinieren.

TOFU MIT FRÜHLINGSZWIEBELN

1/2 kg Tofu, frisch aus der Lake
grüne Teile von 2–3 frischen Frühlingszwiebeln
helle (light) Sojasauce
Sesamöl

optional: frischer Chili
frischer Koriander

Tofu in Würfel schneiden
Zwiebelgrün in feine Ringe schneiden

mit heller Sojasauce (nicht zu wenig) übergießen und mit Sesamöl (nicht zu viel) beträufeln

Das ist die leichteste Vorspeise, die man sich vorstellen kann. Der kühle, neutrale Tofu, von vielen zu Recht als fad empfunden, ist in dieser Kombination mit den starken Aromen von Zwiebel, Soja und Sesam ein angenehmer Kontrapunkt. Dieses erfrischende Rezept ist quasi die chinesisch-vegetarische Variante der „Sauren Wurst in Essig und Öl", nur unvergleichlich leichter!

Wichtig ist die Frische der Zutaten. Der Tofu muss frisch aus der Lake kommen, was bei allen Asialäden selbstverständlich ist. Auch die grünen Teile der Frühlingszwiebel sollten knackig und nicht welk sein.

Sesamöl wird vor allem als Gewürz verwendet, mit dem man vorsichtig und sparsam umgehen sollte. Bei seiner Herstellung werden die Sesamkörner vor dem Pressen geröstet, je länger, desto dunkler das Öl und umso intensiver der Geschmack. Wir bevorzugen nicht zu dunkle, goldgelbe Produkte. Sesamöl ist neben Sojasauce eines der Basisgewürze in der chinesischen Küche und ist neuerdings auch in vielen Supermärkten erhältlich.

Wer es gern scharf mag, kann frische Korianderblätter und fein gehackten Chili dazugeben. Allerdings sollten die Kerne vorher entfernt werden, um die Schärfe erträglich zu halten. Achten Sie darauf, dass Sie nach dieser Tätigkeit nicht Ihre Augen reiben oder gar andere empfindliche Körperteile berühren, es brennt wie Feuer! Waschen Sie die Hände mit kaltem Wasser, warmes Wasser öffnet die Poren und das Teufelszeug kann noch tiefer in die Haut eindringen. Das gilt auch für das Händewaschen nach dem Schneiden von Zwiebel oder Knoblauch: Warmes Wasser fixiert den Duft in der Haut.

ML

STEINPILZCREME

Die Steinpilzcreme ist eine fast unbeschreiblich feine Gaumenfreude, ich habe sie vor Jahren als „Gruß des Hauses“ in einem Restaurant in Ungarn bekommen. Völlig von Sinnen, beschloss ich, diesem Gaumenorgasmus auf die Spur zu kommen. Einige Versuche waren notwendig, bis ich das gewünschte Ergebnis erreicht hatte. Schmeckt sehr gut zu gewärmtem Nussbrot – eine absolute Harmonie!

Der majestätische Steinpilz, auch Herrenpilz oder Edelpilz genannt, gehört zu den Röhrlingen und ist der bekannteste Wildpilz überhaupt. Bei jungen Exemplaren gibt ihm der halbkugelige Hut die typische Form eines Champagnerkorken. Er hat einen angenehmen Geruch und ist als einer der wenigen wild vorkommenden Pilze auch roh verzehrbar. Das Tolle an diesem Geschenk der Natur ist, dass man es so vielseitig zubereiten kann: Kochen, braten, einlegen und trocknen. Essigen und Ölen gibt er eine wunderbare Note. Ein besonders interessantes Produkt ist das Steinpilzmehl, welches man einfach wie ein Gewürz einsetzt, zum Verfeinern von Saucen, Suppen und Bratensäften.

Bei diesem Rezept arbeite ich gern mit getrockneten Pilzen, weil das einen besonders intensiven Geschmack ergibt. Natürlich können Sie die Creme auch mit frischen Pilzen zubereiten. Am Markt bekommt man bereits geputzte „Waldfreunde“, bei selbst erbeuteten Exemplaren sollten Sie schonend nur mit Bürste oder Messer die Spuren der Natur entfernen, niemals mit Wasser, weil sich durch die Röhrenstruktur sein Hut sonst buchstäblich wie ein Schwamm vollsaugen würde.

CP

30 g getrocknete Steinpilze
oder 1/4 kg frische Pilze
1/4 l Schlagobers
2 EL Dijonsenf
100 g Butter
Muskatnuss
Salz
Pfeffer

Die getrockneten Steinpilze 1/2 Stunde in lauwarmes Wasser einlegen.
Die Pilze ein wenig ausdrücken und in der Butter andünsten. Mit dem Schlagobers aufkochen, bei kleiner Hitze langsam köcheln und zu einer dickflüssigen Sauce einreduzieren lassen. Den Senf beifügen, pfeffern und Muskatnuss hineinreiben. Nur leicht salzen, da der Senf eventuell bereits genug würzt.
Wenn die Pilze ganz weich sind, in einem Cutter zu einer Creme pürieren. Falls die Sache etwas zu flüssig ist, 1–2 EL Semmelbrösel dazugeben.

MARINIERTES PASTIRMA

300 g fein geschnittenes Pastirma
(vom türkischen Fleischhauer)
Parmesan
Kapernbeeren
Olivenöl
Zitrone

Pastirma auf die Teller auflegen, Olivenöl darüber träufeln und mit Kapern belegen. Den Parmesan fein darüber reiben oder hobeln, mit Zitronensaft würzen.

Pastirma ist ein aus dem türkischen Kayseri stammendes Dörrfleisch. Es wird aus gepökeltem Rindfleisch hergestellt, mit einer scharfen Gewürzpaste bestrichen und luftgetrocknet. Diese besteht aus Samen vom Bockshornklee, Knoblauch, Nelken, Zimt und Tomatenmark.

Pastirma ist die anatolische Variante des bekannteren Pastrami, einem gewürzten und geräucherten Schulterstück vom Rind, das in hauchdünne Scheiben geschnitten als Sandwichbelag gegessen wird. Letzteres ist vermutlich aus Rumänien über die jüdische Küche in die USA eingeführt worden und dort sehr populär. Hier wird das rohe Fleisch in einer mit Muskat, Knoblauch, Nelken und Paprika gewürzten Lake gepökelt und dann geräuchert. Pastrami wird in der schärferen Variante als „New York Style“ und milder gewürzt als „American-Style“ angeboten und erfreut sich besonders in den legendären New Yorker „Delis“ großer Beliebtheit. Der Name leitet sich wahrscheinlich vom rumänischen „a pastra“ = konservieren, haltbar machen, ab.

CP

GURKEN MIT SÜSSER CHILISAUCE

Hier ist das simpelste Rezept von allen: Ein erfrischender Salat, scharf und süß zugleich, blitzschnell in der Zubereitung! Wir schneiden die Gurken hier der Länge nach in nicht zu dünne „Stifte", weil wir gern den knackigen „Biss" spüren, allzu „gatschiger" Gurkensalat ist nicht so sehr unsere Sache. Außerdem entfernen wir das Innere mit den Kernen. Man kann die Gurke selbstverständlich auch „normal" in Scheiben schneiden oder wie immer man möchte, zum Beispiel mit dem Gemüseschäler hauchdünne Längsstreifen abziehen.

Wer es intensiver mag, kann etwas gepressten Knoblauch dazugeben, auch frischer Koriander ist eine interessante Variante. Die Basis dieses Rezepts ist jedenfalls die „Sweet Chili Sauce for Chicken" aus Thailand, die es von diversen Herstellern in jedem Asialaden gibt, immer häufiger auch im Supermarkt. Sie passt auch hervorragend zu Krautsalat: Weißkraut fein schneiden, salzen und mit etwas Sauce marinieren, fertig!

ML

1 Salatgurke
thailändische süße Chilisauce
(Sweet Chili Sauce for Chicken)
1 TL Sesamöl
Salz

Gurke schälen und der Länge nach halbieren, Kerne mit einem Löffel entfernen.
Die Gurkenhälften in Streifen schneiden, salzen, mit etwas süßer thäiländischer Chilisauce und Sesamöl marinieren.

TEE-EIER

4 Eier
2 EL Schwarztee
2 EL 5-Gewürze-Mischung
3 EL Sojasauce
1 Handvoll Seetang
1 Handvoll Arame (Braunalge)
Sesamöl

1 Liter Wasser mit dem Schwarztee und den Gewürzen zum Kochen bringen. Die Eier in dem Sud 8 Minuten hart kochen, herausnehmen und mit einem Löffel die Schalen anschlagen, aber nicht abschälen.

Eier wieder in den sanft wallenden Sud geben, 1,5 Stunden köcheln lassen, immer darauf achten, dass sie mit genügend Flüssigkeit bedeckt sind, danach Eier schälen.

Seetang einige Minuten in heißes Wasser legen, die Aramealgen ganz kurz kochen, auskühlen lassen, mit Sojasauce und Sesamöl marinieren. Ein Bett aus Tang und Algen auf Teller legen und die Eier darauf anrichten.

Die Eier nehmen den Geschmack der Gewürze wunderbar an und bekommen eine schöne Maserung. Wenn man sie länger sieden und wie in China sogar über Nacht im Sud ziehen lässt, verstärken sich Geschmack und Marmorierung. Eine kleine exotische Köstlichkeit, die sowohl durch ihre Optik als auch ihre interessante rauchige Note den Gaumen betört. Tee-Eier können warm oder kalt gegessen werden.

In China bekommt man diese Eier – „chaye dan" genannt – auf der Straße bei mobilen Tee-Ei-Händlerinnen, die beheizbare Töpfe auf Wägelchen durch die Straßen schieben. Da wir diese Art der Gastronomie leider nicht haben, bereiten wir uns diese Spezialität selbst zu. Die schönen braun-weiß marmorierten Eier gehören auch als appetitanregende Vorspeise zu einem festlichen chinesischen Menü.

Die 5-Gewürze-Mischung kann auch selbst hergestellt werden. Die Zutaten Sternanis, Pfeffer, Zimt, Fenchelsamen und Gewürznelken sind überall erhältlich und können für dieses Rezept im Ganzen verwendet werden.

Algen sind ein wahrer Jungbrunnen für den ganzen Körper. Sie enthalten viele Mineralien, vor allem Jod. Man bekommt sie in chinesischen Geschäften und Reformhäusern in getrockneter Form. Seetang ist in trockenem Zustand ein schwarzes Gekräusel, wird im Wasser zu weichen, grünen Streifen und schmeckt würzig aromatisch. Er wird auch für Suppen und Gemüsegerichte verwendet. Arame ist eine in Streifen geschnittene Braunalge mit süßlich mildem Geschmack.

CP

PUMPERNICKEL

Das Butterbrot mit Sardellenringerl ist ein Klassiker der alten österreichischen Wirtshaustradition. Leider ist diese kleine Spezialität fast völlig verschwunden. Um so größer die Freude, wenn es manchmal wieder angeboten wird. – Eine kleine, feine Trinkunterlage zu Wein. Wir variieren diese Idee durch die Verwendung von kleinen Pumpernickelscheiben, die man fertig geschnitten im Supermarkt bekommt. Pumpernickel ist ein westfälisches Brot, das ausschließlich aus grobem Roggenschrot besteht und bei Niedrigtemperatur eher gedämpft als gebacken wird. Eine Anekdote erzählt, dass sich der Name von Napoleons Armee herleitet: Als die Franzosen bei der Besetzung Norddeutschlands das Brot kosteten, meinten sie, es sei bloß „bon pour Nickel" – gut für Nickel – so lautete der Name von Napoleons Pferd. Da irrt der Franzose gewaltig, denn wir finden dieses intensive Brot wunderbar. Darüber hinaus ist es extrem lang haltbar und bleibt saftig.

Verhackertes ist ein steirischer Rohspeck-Aufstrich, der in den Buschenschanken aufgetischt wird und ein „Muss" zur Bretteljause ist. Früher wurde frischer Schweinespeck mit Salz eingerieben und zwei bis drei Wochen in einer Räucherkammer aufgehängt. Dann wurde die Schwarte abgezogen, alles auf einem Verhackertstock mit einem speziellen Messer erbsengroß „verhackert", also zerkleinert, in einen Steinguttopf hineingeknetet und mit Ochsenfett heiß übergossen. Eine aufwändige und langwierige Angelegenheit. Heute wird das mühsame Zerhacken von Speckmühlen erledigt. In Österreich bekommt man Verhackteres in jedem Supermarkt. In alten Bauernrezepten wird es auch zum Kochen verwendet, heiß auf einem Krautsalat, zum Erdäpfelschmarren oder auf Erdäpfelsalat.

CP

Pumpernickelscheiben
Sardellenringe mit Kapern
Butter
Verhackertes
Kürbiskerne
Kresse

Auf jedes Brotstück ein wenig Butter streichen und ein Sardellenringerl darauf legen. Mit ein wenig Kresse verzieren.

Für die zweite Variante eine kleine Portion Verhackertes aufstreichen und mit Kürbiskernen bestücken. Auch hier kann Kresse als erfrischende Komponente dazu gegeben werden. Frisch geriebener Kren schmeckt ebenfalls fein und gibt eine schärfere Würze.

KÄSEKUMPEL

150 g Roquefort
200 g geriebener Schnittkäse (z.B. Emmentaler)
150 g Mascarpone
2 EL Cognac
2 EL roter Portwein
Pfeffer
125 g geriebene Mandeln
125 g geriebene Walnüsse
Stangensellerie

Roquefort, Mascarpone und die Hälfte des geriebenen Emmentalers vermischen und mit Cognac, Portwein und den Nüssen zu einer Creme rühren.

Pfeffern und mit den Händen kleine Kugeln formen. Sollte die Masse zu weich werden, einfach ein paar Esslöffel Semmelbrösel dazugeben und eine Zeit lang „rasten" lassen. Dann die Kugeln vorsichtig im übrigen Reibkäse wälzen.

Die Käsekugeln auf dem geschnittenen Stangensellerie anrichten.

Diese Käsekugeln kann man aus allen möglichen Käsesorten gut herstellen. Oft entstehen die interessantesten Mischungen aus dem, was gerade vorhanden ist. Beim Mischen ist nur darauf zu achten, dass mindestens einer aus der Riege ein fester Käse ist, damit eine kompakte Masse entsteht, die sich gut in Form bringen lässt. Genauso gut kann man die Kugeln statt in Reibkäse auch in Nüssen wälzen.

Wer Sellerie nicht so gerne hat, kann die kleinen Pralinen auch auf einem marinierten Salatbett anrichten, zum Beispiel Ruccola und Radicchio fein schneiden und mit ein wenig Sojasauce und Sesamöl beträufeln.

Wieder so eine praktische Speise, die für unerwartete Gäste, zum Nachmittagstee, zum Gläschen Wein oder für das Fingerfood-Buffet ideal ist. Eine Hommage an die Kultur der fröhlichen „Partyhappen" der Sechziger- und Siebzigerjahre. Manche erinnern sich sicher noch an die grotesken „Staniol-Igel", gespickt mit auf Zahnstochern aufgespießtem Allerlei.

CP

SUPPEN

KAROTTENSUPPE MIT GEBRANNTEN ORANGEN

6–8 Karotten
1–2 Bio-Orangen mit ungespritzter Schale
1 kleines Stück frischer Ingwer
Butter
Zucker
Kardamom
Gemüsesuppe (Würfel)

Karotten schälen und der Länge nach in grobe Streifen schneiden.
Ingwer schälen und in kleine Stücke schneiden. Beides bei geringer Hitze in Butter anbraten und bei geschlossenem Deckel einige Minuten ohne Zugabe von Flüssigkeit dünsten lassen. Die Karotten sollen ein bisschen anbräunen.

Dann mit einem halben Liter Gemüsesuppe aufgießen und einige Samenkörner aus einer Kardamomschote dazugeben. Kurz fertig garen und anschließend pürieren.

Aus der Mitte der Orange zwei dünne Scheiben schneiden und diese in Hälften oder Viertel teilen.
Die Stücke auf einen Teller legen, mit etwas Kristallzucker bestreuen und mit einer Lötlampe anbrennen. Der Zucker schmilzt sofort. Nach einigen Sekunden, wenn die Karamelschicht leicht zu bräunen beginnt, die Flamme stoppen.
(Zu dunkler Karamel schmeckt bitter.)

Die pürierte Suppe wieder in den Topf geben, bis zur gewünschten Konsistenz verdünnen, kurz aufkochen lassen, mit dem Saft der Orangenreste vermischen und abschmecken. Die karamelisierten Orangenscheiben auf die angerichtete Suppe geben.

Alle Lebensmittel besitzen ein potenzielles Geschmacksspektrum. Dieses Spektrum reicht von roh bis verbrannt. Kocht man zum Beispiel eine Karotte in Salzwasser, wird sie gleichmäßig weich und entwickelt einen einheitlichen Geschmack, der durch das „Auswaschen" von Inhaltsstoffen relativ schwach ist. Wird sie jedoch in Butter gebraten, dann ist sie im Kern noch roh, während die Oberfläche durch den austretenden Fruchtzucker karamelisiert und braun wird. Dann entwickelt die Karotte ihr volles Geschmacksspektrum! Das ist die Grundlage dieses Rezepts.

Ingwer und Kardamom verleihen Frische und nehmen den Rüben ihre gewisse „Erdigkeit". Die Säure der Orange erhöht diesen Effekt zusätzlich. Karotte und Orange passen nicht nur in der Farbe zusammen! Während der Geschmack der Rüben durch leichtes Anbraten zur Entfaltung gebracht wird, kann man bei den Orangen mit schwereren Geschützen auffahren: Die Orangenscheiben werden mit etwas Kristallzucker bestreut und mit der voll aufgedrehten Flamme eines Lötbrenners „angefackelt". Schon nach einer Sekunde kocht der Zucker und einige Augenblicke später, wenn er beginnt sich goldbraun zu verfärben, stoppt man die Flamme sofort. Eine dünne, knusprige Schicht hat sich gebildet, voll von ätherischen Aromen der Orange.

ML

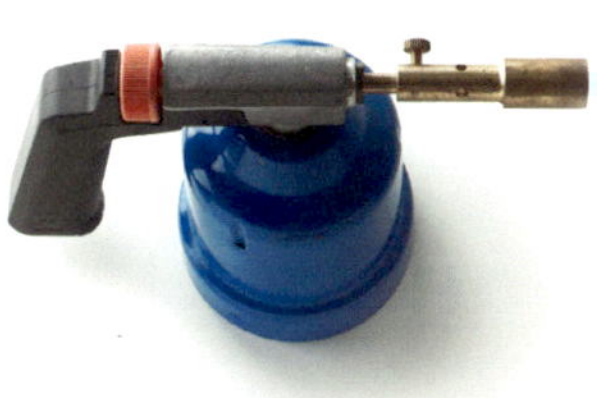

FENCHELSUPPE

Obwohl der Fenchel schon in der europäischen Antike überaus beliebt war, gibt es die typische Knolle, wie wir sie kennen, erst seit den Züchtungsversuchen der Renaissance. Davor wurden das filigrane Kraut der Pflanze, sowie deren Samenkörner verwendet. Im Altgriechischen hieß der Fenchel „marathon", genau wie der Ort bei dem die Perser im Jahr 409 v. Chr. von den Griechen geschlagen wurden. Ein Bote lief 42 km im Dauerlauf nach Athen – angeblich durch endlose Fenchelfelder –, um die Nachricht des Sieges zu überbringen.

Bei dieser Suppe versuchen wir wirklich alles aus der wunderbaren Pflanze herauszuholen: Wir verwenden die Knolle, die Samen und das frische, grüne Kraut! Zusätzlich werden die Fenchelstücke leicht angebraten, was das geschmackliche „Spektrum" um noch eine Note erweitert. Die Fenchelsamen werden erst unmittelbar vor dem Kochen im Mörser pulverisiert, damit die Aromen der ätherischen Öle nicht verschwinden. Das gilt übrigens für fast alle Gewürze: Verwenden Sie keine fertig gemahlenen Produkte, kaufen Sie sich einen nicht zu kleinen Mörser mit schwerem Stössel, am besten aus Granit und mahlen sie die Gewürze frisch. Der Unterschied ist gewaltig! Das filigrane zarte Fenchelkraut kommt erst am Schluss roh in die Suppe.

Fenchel beruhigt den Magen und fördert die Verdauung. Diese Suppe hat fast eine therapeutische Wirkung bei irritiertem Magen, Völlegefühl und dergleichen. Schmeckt gut und tut gut!

ML

1 große oder 2 kleine Fenchelknollen
samt grünem Fenchelkraut
1 EL Fenchelsamen
Olivenöl
Gemüsebouillon (Würfel)
1/8 l Schlagobers
Weißbrot für die Croutons

Die harten, grünen Stiele entfernen, Fenchelkraut abzupfen und beiseite legen. Die Knollen in kleine Stücke schneiden. In Olivenöl kurz anbraten bis die ersten Anzeichen von Bräunung bemerkbar sind. Die frisch gemahlenen Samen ganz kurz mitbraten und dann mit ca. 1 l Gemüsebouillon aufgießen. Die Stücke einige Minuten weichkochen.

Das Fenchelkraut fein hacken, mit dem Obers zur Suppe geben und pürieren. Nicht mehr kochen lassen.

Die entrindeten Weißbrotstreifen in Olivenöl oder Butter goldgelb anbraten und auf die Suppe geben.

GOCHUJANG-SUPPE MIT GYOZA

Dieses Rezept ist von der großartigen Suppenkultur Asiens inspiriert. Von Thailand, Kambodscha, Vietnam, über China und Korea bis Japan sind Suppen ein Hauptbestandteil der alltäglichen Ernährung. Aus großen Schüsseln werden sie meist als Hauptspeise gegessen, oft bei Garküchen direkt auf der Straße als schnelles unkompliziertes Mittagessen. Die Variationen sind unendlich, aber fast immer werden Unmengen von knackfrischen Blättern, Kräutern und Gemüsen verwendet und meistens sind sie scharf, gleichzeitig aber sehr leicht und bekömmlich. Beim Genuss dieser dampfenden Schüsseln kann man richtiggehend „reinsinken" in die wohltuende Wärme, in die Düfte und komplexen Aromen. Manche Suppen wirken wie ein Aufguss in der Sauna, sie regen den Kreislauf an, machen hellwach und nüchtern und sie richten einen flauen Magen im Nu wieder ein. Suppen werden in Asien (und nicht nur dort) als Heilmittel verwendet, gegen jedes Wehwehchen gibt es zahlreiche Rezepte.

Die Zutaten für unser Rezept finden Sie in praktisch jedem Asialaden: Die Gyoza-Teigtascherl in der Tiefkühlvitrine, meist in Säcken von einem Kilo, gefüllt mit chinesischem Schnittlauch, Schweinefleisch und Gemüse, aber auch vegetarische und mit Shrimps gefüllte Varianten sind erhältlich. Sie können auch die kleineren Wantan kaufen, die eine dünnere Teighülle haben. Stöbern Sie, fragen Sie und probieren Sie aus, die meisten Produkte sind sehr gut! Und wenn Sie schon beim Fragen sind, verlangen Sie eine Gochujang-Paste. Die stammt aus Korea, ist dort die unverzichtbare Basis für praktisch alle Gerichte und ist meistens in knallrote Plastikboxen mit fremdartigen Schriftzeichen verpackt. Die manuelle Zubereitung von Gochujang dauert angeblich bis zu einem halben Jahr. In mehreren unglaublich komplizierten Fermentationsprozessen wird Soja, Klebreis und Chili zu einer süß-scharfen, marmeladeartigen Paste verarbeitet. Den frischen Koriander bekommen Sie wahrscheinlich auch im gleichen Laden, probieren Sie auch das köstliche Thai-Basilikum aus oder frische Minze, Sojasprossen, Shiitake-Pilze, etc. All das ist für diese Art von Suppen hervorragend geeignet. Vergessen Sie nicht Sesamöl und Sojasauce.

Wenn Sie etwas Zeit haben, stellen Sie die Hühnersuppe selbst her: Zwei, drei Hühnerrücken, Salz und ein Suppengrün werden 45 Minuten gekocht, für die asiatische Variante kommt ein Anisstern dazu und – falls vorhanden – ein Stück Weißkraut. Wenn Sie keine Zeit haben, verwenden Sie Suppenwürfel, am besten ohne Geschmacksverstärker, dann brauchen Sie für die Zubereitung dieser Suppe nicht mehr als 10 Minuten.

ML

tiefgekühlte Gyoza-Teigtascherl
1 TL Gochujang-Chilipaste
(alles aus dem Asialaden)
zwei Handvoll frische Spinatblätter
1 Sternanis
2 Knoblauchzehen
frischer Koriander
Sesamöl
1,5 l Suppe (pflanzlich oder Huhn)

Die Suppe aufkochen, Gochujang-Paste und Sternanis reingeben und gut verrühren. Gefrorene Teigtascherl dazugeben und 8 min kochen lassen. Am Schluss mit einem Spritzer Sesamöl aromatisieren.

Inzwischen den in dünne Scheibchen geschnittenen Knoblauch in einer kleinen Pfanne goldgelb braten. Nicht zu stark, sonst wird er bitter!

Den fertigen Knoblauch, Spinat und abgezupfte Korianderblätter, optional auch feingeschnittenen Frühlingszwiebel oder chinesischen Schnittlauch in große Suppenschalen geben und mit der heißen Suppe aufgießen.

ROTE RÜBENSUPPE MIT APFELKRENNOCKERL

1/2 kg gekochte rote Rüben
(fertig im Supermarkt erhältlich)
1 l Gemüsebouillon
1/8 l Schlagobers
1 Lorbeerblatt
Olivenöl
Salz und Pfeffer
Gartenkresse

1 Packung Topfen (20 %)
1 Ei
2 EL Mehl
2 EL Grieß
1 Apfel
2 EL frischer Kren
Salz und Pfeffer

Die Pflanze „Beta vulgaris“ wurde im Mittelmeerraum schon vor Jahrtausenden gezüchtet, im Lauf der Zeit wurden Sorten entwickelt, bei denen vor allem die Blätter verwendet wurden. Daraus hat sich unser heutiger Mangold entwickelt. Für ihre Knolle bekannt sind zwei andere Varietäten der selben Pflanze: Die Zuckerrübe und die Rote Rübe entstammen nicht nur der selben Pflanzenfamilie, sondern gehören zur gleichen Unterart. Die „Rote Bete“ – vom lateinischen „Beta“ – gibt es übrigens auch in weißer und gelber Farbe.

Unsere Suppe lässt sich mit den bereits fertig gekochten Rüben rasch zubereiten. Sie ist äußerst nahrhaft und gesund. Das enthaltene Provitamin A und die Vitamine B1, B2, B6 sowie C, reichlich Folsäure und Eisen wirken sich positiv auf die Blutbildung aus und stärken das Immunsystem: Ein wahres Heilsüppchen! Die Rote Rübe wird auch der „gespeicherte Sommer“ genannt, da sie ein traditionelles Wintergemüse ist.

CP

Die roten Rüben in kleine Stücke schneiden und mit dem Lorbeerblatt im Olivenöl andünsten. Mit der Gemüsebouillon aufgießen, 5 Minuten kochen. Das Lorbeerblatt entfernen, die Suppe mit dem Obers in der Küchenmaschine oder mit einem Pürierstab fein mixen.

Einen süßsauren Apfel schälen und sehr fein reiben, ebenso den Kren.

Für die Nockerl aus dem Topfen, Ei, Mehl, Grieß, Salz und Pfeffer, dem geriebenen Apfel und dem Kren eine Masse rühren und eine 1/2 Stunde rasten lassen.

In einem Topf leicht gesalzenes Wasser zum Kochen bringen, dann die Hitze reduzieren. Mit einem Suppenlöffel kleine Nockerln aus der Topfenmasse ausstechen und 10 Minuten im Wasser köcheln. Aufpassen, dass das Wasser nicht zu kochen beginnt, da die Nockerl sonst zerfallen. Nach der Kochzeit 5 Minuten im heißen Wasser ziehen lassen, das macht sie flauschiger.

Beim Servieren mit Kresse bestreuen.

LINSENSUPPE

Linsen sind eines der ältesten bekannten Nahrungsmittel der Menschheit. In Kleinasien, im Mittelmeerraum und auch bei uns in Zentraleuropa werden sie seit mindestens 8000 Jahren verwendet. Durch die Jahrtausende waren sie vor allem auch ein wichtiger Bestandteil der „cucina povera", der „armen Küche". Dank ihrer problemlosen Haltbarkeit waren sie unkompliziert lagerfähig und preiswert. Außerdem haben Linsen einen sehr hohen Eiweißgehalt, was wichtig ist, wenn man sich nur von Pflanzen ernährt. Und sie sind köstlich! In Indien sind sie als „Dhal" noch immer ein tägliches Grundnahrungsmittel, man verwendet dort über 50 verschiedene Sorten. Linsen gibt es in unzähligen Variationen und Farben. Die kleinen roten brauchen nur kurze Kochzeiten, platzen aber auf und haben dadurch – ebenso wie die gelben – eine eher breiige Konsistenz: Gut für „Dhal" und dicke Suppen! Die größeren grünen, grauen und braunen Sorten werden vor dem Kochen in Wasser eingelegt, brauchen aber zum Quellen wesentlich weniger Zeit als andere Hülsenfrüchte, wie Bohnen oder Kichererbsen. Die edelsten Sorten sind Berglinsen, insbesondere die ganz dunklen aus Frankreich oder die schwarzen Belugalinsen. Sie sind klein genug um ohne vorheriges Einweichen in etwa 20 Minuten gar zu sein – und sie platzen nicht auf, wenn sie nicht zu lange gekocht werden. Essig, Lorbeerblatt und vor allem Kreuzkümmel neutralisieren die blähende Wirkung von Linsen, die aber bei den von uns verwendeten Sorten ohnehin kaum vorhanden ist.

Wenn Sie wollen, können sie die Suppe mit einem ganz leicht gebratenen Spiegelei mit noch flüssigem Dotter bedecken. Wenn Sie – trotz „cucina povera" – sich ein bisschen Protzerei nicht verkneifen können, verwenden sie Wachteleier. Auch gebratene Speckscheiben oder Croutons passen hervorragend!

ML

100 g schwarze Berglinsen oder Belugalinsen
1 Suppengrün (Karotte, Sellerie, Petersil, gelbe Rübe, Lauch)
1–2 Schalotten
2 Lorbeerblätter
1 knapper TL Kreuzkümmel
Balsamico-Essig
Olivenöl
Suppe zum Aufgießen (Gemüsebouillon)

Schalotten schälen, Suppengrün putzen und sehr klein schneiden. Alles in Olivenöl kurz anrösten bis eine leichte Bräunung bemerkbar ist. Den im Mörser frisch gemahlenen Kreuzkümmel und die ganzen Lorbeerblätter kurz mitrösten und mit etwas Essig ablöschen, die Linsen dazugeben und mit Suppe aufgießen. Ca. 20 min kochen lassen. Probieren Sie die Linsen, sie sollten noch ganz leicht „al dente" sein.

Am Schluss mit etwas Essig und Pfeffer abschmecken.

KOKOSSUPPE

1 l Kokosnussmilch
1 Packung Tom Ka-Gewürzmischung
3 Stück Jungzwiebel
1/4 kg Cocktailtomaten
1 Handvoll frisches Thaibasilikum
1 kleine frische Galgantwurzel
3 Stangen Zitronengras
3 Kaffir-Zitronenblätter
400 g Hühnerfilets
Fischsauce

Die Kokosnussmilch mit der Gewürzmischung aufkochen. Die Galgantwurzel in Stücke, den Jungzwiebel in feine Ringe schneiden, das Zitronengras mit einem Messerrücken alle 5 Zentimeter aufschlagen. Hühnerfilets in dünne Streifen schneiden. Alles zusammen mit den Kaffirblättern 5 Minuten in die kochende Suppe geben. In der letzten Minute die halbierten Cocktailtomaten und ganz am Schluss das Thaibasilikum beifügen, mit der Fischsauce abschmecken. Vor dem Servieren die Wurzelstücke, Zitronengras und die Kaffirblätter entfernen.

Diese thailändische Suppe ist eine wahre Freude. Alle Zutaten sind in asiatischen Lebensmittelgeschäften erhältlich. Sie ist eine kräftigende, belebende Speise und wenn man Reis dazu serviert, wird sie zu einer Hauptspeise. Wer Koriander mag, gibt auch davon nach Belieben dazu. Sollte einmal ein Rest überbleiben, ist dieses Süppchen mit seiner feinen Schärfe zum Frühstück ein wunderbarer Muntermacher.

Zitronengras kommt vorwiegend aus Asien. Das schilfartige Gewächs ist auch Bestandteil der südostasiatischen Currypasten. In der Küche werden die frischen Stängel verwendet. Zitronengras wirkt anregend, erfrischend und verleiht Speisen einen exotischen Geschmack. Das Thaibasilikum, auch Horopa genannt, kommt, wie der Name bereits sagt, aus Thailand und gilt als Königin der Kräuter. Es hat einen leicht minze- und lakritzartigen Beigeschmack und wird für Salate auch roh verwendet. Der Galgant ist mit dem Ingwer verwandt und hat wie dieser einen scharfen, etwas süßlichen Geschmack. Die Wurzel wird sowohl frisch als auch getrocknet verwendet, wirkt gut gegen Erschöpfung, Magenbeschwerden und Erkältung. Die deutsche Mystikerin Hildegard von Bingen (1098–1179), nannte ihn „das Gewürz des Lebens".

In der südostasiatischen Küche wird statt Salz prinzipiell Fischsauce verwendet. Diese ist in asiatischen Läden, neuerdings auch in Supermärkten erhältlich. Lassen Sie sich nicht von dem beißenden Geruch abschrecken, das Fischaroma verschwindet in der fertigen Speise.

CP

HUMMERCREMESUPPE

Wer sich dem aufwändigen Arbeitsprozess der originalen Zubereitung einer Hummercremesuppe entziehen will, kommt mit dieser Rezeptur genau so gut zu einem wunderbaren Ergebnis. Die Alkoholbeigabe kann durch Weißwein oder Wermut beliebig verändert werden, oft wird auch Pastis für die Verfeinerung verwendet.

Auch für die Herstellung von Saucen ist die Hummerpaste sehr praktisch. Mit wenig Wasser oder Milch aufgelöst passt sie sehr fein zu gebratenen Fischen. Als besonders interessantes Gericht habe ich die Verwendung der Paste vor vielen Jahren in der Variante „Huhn in Hummersauce" kennengelernt. Tante Pauz aus München, Nenntante meiner Jugendliebe, setzte sich im rüstigen Alter von 80 Jahren nach ihrer Journalistentätigkeit in Griechenland zur Ruhe. Die attraktive und sehr lebensfrohe Dame stellte dort nicht nur ihr eigenes „Eau de vie" her, ein alkoholisches Orangengetränk, dass die Abende würdig eröffnete, sie kochte auch sehr gut und spannend. Eben dieses Hummerhuhn, welches im Rohr mit viel Knoblauch, Zitronen und Olivenöl gebraten wird und in gut einem Liter Hummersauce weiter schmurgelt, bis das Fleisch von den Knochen fällt. Dazu ein frisches duftendes Weißbrot, ein gutes Glas Wein, zirpendes Grillenorchester und Sternenhimmel.

CP

2 Würfel Hummersuppen-Paste à 50 g
(in Fischgeschäften zu kaufen)
400 ml Wasser
400 ml Milch
Saft einer Zitrone
Cognac
200 g Shrimps oder 4 Garnelen
200 g Lachsfilet
Butter
Salz & Pfeffer

Die Hummerwürfel in Wasser und Milch kurz aufkochen, mit Zitronensaft, Cognac, Salz und Pfeffer abschmecken. Lachs in kleine Würfel schneiden, mit den Garnelen oder Shrimps in Butter rasch abbraten, der Suppe beifügen.

FLEISCH

SPECKBABIES

Dieses Rezept leitet sich von der „saltimbocca alla romana" ab, kleinen Kalbsschnitzeln, die mit Parmaschinken und Salbei gebraten und dann mit Wein (Marsala) abgelöscht werden. „Salt' in bocca" bedeutet übrigens: „Spring in den Mund". Die Speckbabies sind eine einfache Variante dieses klassischen Gerichts, bei der Speck und Salbei um ein Stück Hühnerbrust herumgewickelt werden. Das hat den Vorteil, dass die Fettschicht des Specks das Fleisch, aber auch die Salbeiblätter beim Braten schützt und schön saftig und zart macht. Die Blätter liegen beim Braten zwischen Speck und Fleisch und können so ihr Aroma optimal entfalten, ohne zu verbrennen. Es genügt, die Speckscheiben locker um das Fleischstück zu wickeln, ohne sie mit Bindfaden oder Zahnstocher zu fixieren. Beim Braten verbinden sie sich sofort mit der Oberfläche des Fleisches und halten wunderbar, ohne auseinanderzufallen. Trotz schützendem Speckmantel sollte man die Stücke nicht zu lange braten, weil das Fleisch sonst trocken wird. Selbst Hühnerfleisch kann man aus der Pfanne nehmen, wenn es im Kern noch leicht rosig, aber nicht mehr roh ist. Man lässt sie dann ein paar Minuten auf einem Teller rasten, wobei durch die Restwärme auch der Kern durchgart. Dabei sammelt sich auf dem Tellerboden etwas Fleischsaft, der sehr wichtig für die Sauce ist.

Als Beilage passt Polenta. Um die Sache einfach zu halten, verwenden wir fertige Polenta aus dem Supermarkt. Leider ist dieses einfache Produkt bei uns noch sehr selten zu bekommen – in Italien ist es in jedem Supermarkt präsent. In italienischen Feinkostläden sollte diese praktische Beilage auf jeden Fall erhältlich sein. Angenehmerweise hält sich Fertigpolenta monatelang ohne Kühlung. Natürlich kann man Polenta auch selbst aus Maisgrieß, Wasser und Salz machen, allerdings braucht man Zeit und Geduld dafür, vor allem für die Reinigung des Kochgeschirrs. Und einfach ist es nicht, die Qualität des Fertigproduktes zu toppen. Während die Speckbabies auf ihrem Teller rasten, braten wir ein paar Polentaschnitten in der selben Pfanne, wobei sie das Speckaroma annehmen.

Statt Portwein kann man auch andere Süßweine wie Marsala, Madeira oder Malaga verwenden.

ML

2 ganze ausgelöste Hühnerbrüste ohne Haut
16 dünne Scheiben Bauchspeck
16 frische, große Salbeiblätter
Portwein
Butter
500 g Polenta
(fertig gekocht aus dem Supermarkt)

Die Hühnerbrüste halbieren und die Filethälften noch einmal der Länge nach teilen (ergibt 8 Stücke).
Die Stücke salzen und jedes oben und unten mit einem Salbeiblatt belegen.
Den Speck spiralförmig herumwickeln, jeweils 2 dünne Scheiben (man benötigt weder Bindfaden noch Zahnstocher, beim Braten verbindet sich der Speck mit dem Fleisch und hält von selbst), rundherum anbraten (ca. 8 min), herausnehmen und auf einem Teller zugedeckt rasten lassen.

In der Zwischenzeit die Polentaschnitten in der selben Pfanne anbraten und dann zu den rastenden Babies geben.

Den Bratenrückstand mit Portwein ablöschen und mit einem ordentlichen Stück Butter und dem Saft, der sich in der Zwischenzeit am Tellerboden unter dem rastenden Fleisch gesammelt hat, aufrühren und nochmals Hitze geben. Speckbabies wieder in die Pfanne legen, ganz kurz anwärmen und gleich servieren.

HUHN MIT FENCHEL & SHERRY

2 ausgelöste ganze Hühnerbrüste ohne Haut
2 Fenchelknollen
1 EL Fenchelsamen
250 g Kirschtomaten
1 Handvoll schwarze Oliven
trockener Sherry (Fino)
Sesamöl
1 TL Maisstärke
1/4 l Schlagobers

Fleisch klein schneiden, salzen und in einer Schüssel mit einem ordentlichen Schuss trockenem Sherry (Fino) übergießen. 1 EL Fenchelsamen im Mörser pulverisieren, mit einem gestrichenen TL Maisstärke und einigen Tropfen Sesamöl mit dem Fleisch vermischen. Zudecken und ziehen lassen.

Den von den grünen Stängeln und dem Strunk befreiten Fenchel klein schneiden und in Olivenöl anbraten (ca. 5 min), dann halbierte Kirschtomaten und schwarze Oliven dazugeben, maximal 1 min weiterbraten und alles aus der Pfanne nehmen.

Jetzt das marinierte Fleisch bei großer Hitze kurz anbraten und ebenfalls aus der Pfanne nehmen. Bratenrückstand mit Sherry ablöschen, Flüssigkeit reduzieren und mit Schlagobers aufgießen. Soße weiter reduzieren lassen, das Gemüse wieder dazugeben, ganz am Schluss das Fleisch. Sofort servieren.

Dazu passen Nudeln oder Reis.

Die Zutaten dieses Rezeptes sind zwar sehr mediterran, die Zubereitung ist jedoch von chinesischer Tradition inspiriert, in welcher Fleisch mit Alkohol und Gewürzen mariniert und dann extrem kurz angebraten wird. In der chinesischen Küche ist die Basis der Marinade fast immer Reiswein, der trocken (also nicht süß) schmeckt, gleichzeitig aber wenig Säure aufweist. Trockener Sherry (Fino) verhält sich ähnlich, harmoniert aber besser mit typisch mediterranen Zutaten wie Fenchel, Olive und Tomate. Wir geben zur Marinade ein kleines bisschen Maisstärke dazu, das macht das Fleisch etwas mürber und bindet die Sauce. Das Fleisch kann zehn Minuten, aber auch einen ganzen Tag in der Marinade ziehen. Wenn man will, kann man diesen Arbeitsschritt lange vor dem eigentlichen Kochen erledigen.

Die Fenchelstücke werden in Olivenöl kurz und relativ scharf angebraten. Sie sollten außen leicht gebräunt, aber trotzdem fest und knackig sein. Durch die Restwärme gart der Fenchel nach, man sollte ihn also rechtzeitig aus der Pfanne nehmen. Kirschtomaten und Oliven kommen nur so kurz in die Pfanne, dass sie gerade heiß werden, damit die Tomaten nicht zerkochen. Die beste Sorte, die wir kennen, sind die ovalen, leicht birnenförmigen Kirschtomaten an der Rispe.

Auch die Fleischstücke werden bei maximaler Hitze sehr kurz gebraten. Bei zu geringer Hitze kann das Fleisch ausrinnen, wird zäh, trocken und fasrig. Allerdings darf das Fett nicht überhitzen!

Also: Das Fett in der Pfanne bei voll aufgedrehter Hitze genau beobachten, beim ersten Anzeichen von Rauch sofort das Fleisch gleichmäßig einlegen und in Ruhe lassen, bis sich eine Kruste gebildet hat. Nur einmal wenden. Bei mariniertem, kleingeschnittenem Fleisch dauert das nicht einmal 2 Minuten. Es darf auch später in der Sauce nicht mehr köcheln, sondern wird zusammen mit dem gebratenen Gemüse nur mehr hineingelegt und sofort serviert.

ML

KRENFLEISCH

Krenfleisch wird in der klassischen österreichischen Küchensprache auch Wurzelfleisch genannt. Es ist das steirische Nationalgericht. In manchen Regionen werden auch Semmelknödel als Beilage serviert. Ein besonderes Rezept ist der oberösterreichische Dampfknödel. Dabei wird die Masse nach klassischer Semmelknödel-Rezeptur zubereitet. Die Knödel werden dann aber in einem mit Butter bestrichenen Dampfeinsatz mit wenig Salzwasser zugedeckt langsam gedämpft, ohne mit dem Wasser in Berührung zu kommen. Dadurch werden sie besonders flauschig und nehmen das Aroma und die gelbe Farbe der Butter an.

Schweinefleisch ist gesünder als sein Ruf. Es ist ein wichtiger Lieferant von Eiweiß, Mineralstoffen und Spurenelementen wie Selen, Eisen und Zink. Wer das Fett nicht mag, braucht es ja nicht mitzuessen, beim Kochen sollte es aber unbedingt dranbleiben. Das ist wesentlich für den Geschmack und die Zartheit des Fleisches.

Und hier sei auch einmal der Kren gepriesen! Auch Bauernsenf, Fleischkraut oder Pfefferwurzel genannt, gibt er vielen Speisen erst den Aha-Effekt! Soll er seinem Ruf als „scharfe Wurze" gerecht werden, muss er aber stets frisch gerieben werden, da sich seine Schärfe relativ rasch verflüchtigt. Sein intensiver Geruch ist auch ein schnell wirkendes Schnupfenmittel: Dazu während dem Essen zwischendurch den Kren inhalieren. Ihm werden antibiotische Eigenschaften nachgesagt, die gegen Entzündungen wirken. Regelmäßiger Genuss von Kren stärkt die Widerstandskraft und hilft bei Rheumaleiden.

Falls Sie ihn im Garten anbauen, Achtung, nur dort pflanzen, wo er sich ungehindert verbreiten kann. Wenn man ihn einmal im Boden hat, wurzelt er exzessiv weiter, seine Wurzeln können bis zu 50 Zentimeter tief wachsen.

CP

1 kg Schweinefleisch
(Stelze oder Bauch)
3 Bund Wurzelgemüse
(Karotte, Knollensellerie, gelbe
Rübe, Petersilwurzel)
2–3 Zwiebeln
1 Lorbeerblatt
Essig
Pfefferkörner
1 Bund Petersilie

1 kg Kartoffeln
frischer Kren

Ein schönes Stück Fleisch mit Speckteil und Schwarte im Ganzen mit einem Küchengarn zusammenbinden, damit es in Form bleibt und sich später besser schneiden lässt. In Wasser gut bedeckt bei kleiner Hitze eine Stunde kochen. Die halbierten Zwiebel, das Lorbeerblatt, Pfefferkörner und einen guten Schuss Essig dem Kochwasser beifügen. Das Wurzelgemüse schälen und in feine längliche Streifen schneiden. Gegen Ende der Garzeit nach 45 Minuten in der Suppe die restliche Viertelstunde mitkochen.
Kartoffeln schälen, vierteln und in Salzwasser kochen.

Das Küchengarn entfernen und das Fleisch in Scheiben schneiden. Mit dem Gemüse, den Kartoffeln und der Suppe anrichten. Petersilie über das Gericht geben. Kren schälen, frisch reiben und separat servieren.

HÜHNERFLÜGEL MIT INGWER

12 Hühnerflügel
1 großes Stück Ingwer
2 Knoblauchzehen
Sesamöl
Erdnussöl zum Braten
3 EL Honig
geriebene Schale einer unbehandelten Zitrone
Sojasauce
Essig
Pfeffer
Sojasprossen

Diese Hühnerflügel sind eine herrliche Fingerfoodspeise. Bei der Zubereitung in der Pfanne sollte die Sauce am Ende fast völlig reduziert an der knusprigen Haut kleben bleiben. So werden die Flügerl „glasiert" und durch das ganz kurze, nochmalige Anbraten doppelt knusprig. Dieses Rezept kommt ohne Salz aus, weil Sojasauce und Ingwer stark genug würzen. Wegen seiner durchdringenden Frische wird der Ingwer hier reichlich verwendet.

Für ein größeres Fest ist es eine ideale Sache, die Hühnerflügel am Blech im Rohr zuzubereiten, weil man dann bequem große Mengen davon braten kann. Mit Oberhitze und Umluft werden die Flügerl dann noch krosser. Vorsicht, dass nichts anbrennt!

Wer eine schärfere Art mag, fügt der Marinade klein geschnittene Chilis, Currypulver und Kurkuma bei. Eine orientalische Variante mit Rosinen, Erdnüssen und frisch gepresstem Orangensaft schmeckt angenehm süß. Da empfiehlt es sich, die dickere süße Sojasauce zu nehmen. Der Honig wird dabei allerdings weggelassen.

CP

Die Ingwerknolle schälen und fein reiben. Den Knoblauch schälen und in feine Scheiben schneiden. Beides mit Sesamöl, etwas Sojasauce und dem Honig zu einer Sauce mischen. Die Hühnerflügel darin marinieren, je länger, desto besser.

Dann in Erdnussöl die Flügerl rundherum einige Minuten bei mittlerer Hitze goldbraun braten. Mit etwas Wasser aufgießen und zugedeckt 15 Minuten dünsten. Mit Sojasauce und den fein geriebenen Schalen der Zitrone würzen, eventuell nochmals Wasser beifügen. Ohne Deckel bei kleiner Hitze weiterschmurgeln lassen, bis die Flüssigkeit fast verschwunden ist. Die Hühnerteile sollen eine schöne dunkelgoldene Farbe haben.

Auf Sojasprossen anrichten, diese leicht mit Sesamöl und Essig marinieren.

ZITRONENHUHN MIT KICHERERBSEN

Mit diesem Rezept machen wir einen Abstecher zur großartigen Kochkultur Marokkos. In diesem Land ist die arabische Kochkunst ganz besonders hoch entwickelt, hier vereinigen sich mediterrane und afrikanische Traditionen mit uralter, arabischer Raffinesse. Im Mittelalter war die nordafrikanische Kultur der europäischen weit voraus, außer vielleicht bei den Kriegstechniken, jedenfalls ganz sicher beim Kochen. Die Küchen Süditaliens und Spaniens wurden stark vom Arabischen beeinflusst. Europas Kultur war ausgezehrt durch das andauernde Chaos der Völkerwanderung, die Speisen waren barbarisch und primitiv, während die Mauren alle Gewürze und ausgeklügelte Landwirtschaftstechniken zur Verfügung hatten. Viele Dinge, die wir heute selbstverständlich als europäisch betrachten, kamen erst durch den arabischen Einfluss zu uns: So auch die Zitrone!

Für dieses Rezept brauchen wir in Salzlake eingelegte Zitronen, die man mit Glück bei arabischen Händlern am Markt kaufen oder auch selbst herstellen kann: Unbehandelte Zitronen der Länge nach vierteln, allerdings ohne sie ganz durchzuschneiden, sodass sie sich wie eine Blüte öffnen lassen. Pro Frucht ein bis zwei Teelöffel Salz einfüllen, möglichst aufrecht in Wasser 10 Minuten kochen. Dann in ein sauberes Einlegeglas stapeln, mit der heißen Flüssigkeit bedecken und luftdicht verschließen. Mindestens 4 Tage warten. Danach sind die Früchte im Kühlschrank monatelang haltbar. Sie werden immer ganz, also samt der Schale verwendet.

Die klassische marokkanische Methode kommt allerdings ohne Kochen der Zitrusfrüchte aus, dauert aber wesentlich länger: Unbehandelte Zitronen heiß abwaschen, wie oben mit Salz füllen, in einer Schüssel mit kaltem Wasser bedecken und 3 Tage stehen lassen. Dann herausnehmen und aufrecht in ein Glas schlichten. Das Wasser, in dem die Zitronen eingelegt waren, 5 Minuten kochen lassen und in das Glas füllen, bis sie bedeckt sind. Das verschlossene Glas ca. 4 Wochen stehen lassen.

ML

8 Stücke vom Huhn, am besten Oberkeulen
1 kg Kichererbsen aus der Dose
1 Handvoll schwarze Oliven
1 Salzzitrone (marokkanisch)
4 Sardellenfilets
1 EL Paprikapulver (süß)
2–4 kleine getrocknete Chilischoten
1 EL Kreuzkümmel
1 TL schwarzer Kümmel
1 Bund frischer Koriander
1 Bund Petersilie
1 kleine Zwiebel
etwas Hühnersuppe zum Aufgießen (Würfel)
Olivenöl

optional:
Rosinen statt Oliven

Kreuzkümmel und Chili mit Salz im Mörser mahlen, mit Paprika und etwas Olivenöl mischen und Hühnerstücke damit einreiben. Diese im Bräter auf der Herdplatte von allen Seiten kurz anbraten, rausnehmen.

Zwiebel, Koriander- und Petersilienbüschel samt Stängel klein hacken, ebenso die Sardellen und die Salzzitrone (die bitteren Kerne entfernen!). Alles in den heißen Bräter geben und die Hühnerstücke wieder darauf legen. Mit etwas Hühnersuppe aufgießen und für 30 min bei 200 Grad ins vorgeheizte Backrohr geben.

Dann die Kichererbsen und Oliven gut untermischen und nochmals ca. 10 min ins Rohr geben. Eventuell noch Suppe zugeben, das Ganze sollte „saftig“ sein.

Dazu passt Couscous.

SCHWEINSFILET MIT HERBSTTROMPETEN

800 g Schweinslungenbraten
Mehl
Butter
Olivenöl
10 g geriebene Mandeln
ca. 1/8 l Weißwein
1/4 l Schlagobers

5 g getrocknete Herbsttrompeten
alternativ: getrocknete Morcheln

Die Filets in ca. 3 cm breite Stücke schneiden und salzen, jedes Fleischstück von allen Seiten in Mehl wenden. In einer Pfanne das Olivenöl-Buttergemisch erhitzen und die Fleischstücke ganz kurz rundherum anbraten, aus der Pfanne nehmen und auf einem Teller zugedeckt parken.
Die geriebenen Mandeln in den Bratenrückstand geben, mit dem Weißwein aufgießen und köcheln lassen, bis die Sauce ein bißchen einreduziert ist. Zuletzt mit dem Obers ablöschen, die getrockneten Herbsttrompeten beifügen und bis zur gewünschten Konsistenz weiterköcheln lassen. (Morcheln vorher einige Minuten in Wasser einlegen.) Mit Salz und Pfeffer abschmecken.
Die Filetstücke zurück in die Pfanne geben und 2–3 Minuten auf kleinster Hitze ziehen lassen.

Dazu passen als Beilage Bandnudeln.

Im Ganzen bekommen sie den Lungenbraten auch unter der Fachbezeichnung „Fischerl“ oder „Jungfernbraten“. In dicke Scheiben geschnitten nennt man das Schweinsfilet auch Medaillons. Die Teile sollten nur kurz in der Pfanne braten, da sie später in der Sauce noch nachgaren. Das Fleisch sollte innen noch leicht rosa sein, so schmeckt es am zartesten und ist sicher saftig. Sie können das Fleisch auch im ganzen Stück zubereiten und erst danach aufschneiden.

Herbsttrompeten sind manchmal auch am Markt erhältlich, aufmerksame Pilzsammler werden sie im Wald bevorzugt unter Buchen finden. Der Geschmack ist intensiv und verleiht Speisen eine wunderbare Würze. In Italien galten sie immer schon als Delikatesse, dort heißen sie „Trüffel der Armen“ – „tartuffo di poveri“. Sie haben einen füllhornartigen Fruchtkörper, der an eine Trompete erinnert, woher sich wohl auch der Name ableitet.

Herbsttrompeten eigenen sich hervorragend zum Trocknen und zum Herstellen von würzigem Pilzpulver. Da sie sehr dünnfleischig sind, brauchen sie nur kurze Zeit zum Mitdünsten oder Braten. So erhalten sie rasch wieder ihre ursprüngliche Form und können das ganze Jahr über gut verwendet werden. Die kleingeschnitten, getrockneten Pilze eignen sich auch sehr gut für eine feine Sauce.

Wer keine Trompetenpilze zur Verfügung hat, nimmt getrocknete Morcheln.

CP

HÜHNERLEBER MIT PARADEISER-MARMELADE

Hier ist auf absolut gute Qualität bei den Zutaten zu achten. Am besten verwendet man natürlich, wie bei allen Innereien, ein Produkt aus biologisch kontrollierter Tierhaltung. Die Leber muss absolut frisch, von schöner roter Farbe, fest und glänzend sein. Die Zubereitung dieser Hühnerleber ist wirklich einfach und schnell – eine 10-Minutenspeise. Zum Test ein Stück aufschneiden, die Leber sollte innen zart rosa, aber nicht mehr blutig sein. Wichtig ist, immer erst am Schluss zu salzen, da sie sonst hart wird.

Die Tomatenmarmelade wird um so fruchtiger, je süßer die Paradeiser sind. Ich empfehle entweder die geschmacksintensiven Eiertomaten, reife Fleischtomaten, wie zum Beispiel die prächtigen „Ochsenherzen". Wer sich das Schälen und Hacken ersparen möchte, bereitet die Marmelade mit Dosentomaten (Pelati) zu, das geht noch rascher.

CP

1/2 kg Hühnerleber
1/8 l Rotwein
2 TL Dijonsenf
2 TL Honig
Olivenöl
Butter
Salz
Pfeffer

1/2 kg süße reife Tomaten
2 EL Balsamico-Essig
2 EL Honig
Salz
Pfeffer

etwas Vogerlsalat (Rapunzel)

Olivenöl und Butter in einer Pfanne erhitzen, die Leber putzen, pfeffern, von allen Seiten scharf und kurz anbraten, mit Rotwein ablöschen, den Honig und Senf einrühren, schmurgeln lassen bis die Flüssigkeit fast vollständig reduziert ist. Erst kurz vor dem Servieren etwas salzen.

Die Tomaten in Wasser kurz kochen, kalt abschrecken, schälen und in kleine Stücke schneiden. Im Olivenöl kurz anbraten, mit Essig ablöschen, mit Honig, Salz und Pfeffer abschmecken.

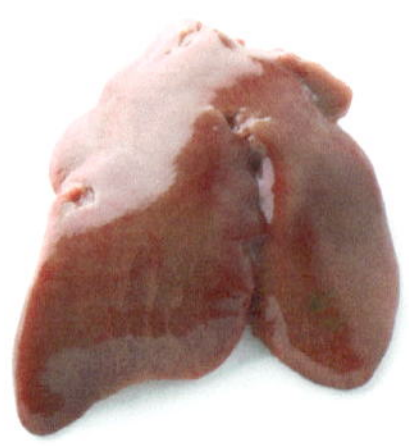

LAMMKRONE

Lammkrone (16 Rippen)
Salbei
Thymian
Petersilie
2 Knoblauchzehen
2 ganze Knoblauchknollen
250 g braune Champignons
2 Fenchelknollen
Olivenöl
Butter
Rotwein

Rohr auf 220 Grad vorheizen. Einen Bräter mit den beiden ungeschälten Knoblauchknollen gleich hineingeben. Die Lammkrone, auch Lammkarree genannt, im Ganzen lassen, salzen und pfeffern. Die Salbeiblätter fein hacken, mit dem kleingezupften Thymian, ein wenig geriebenem Knoblauch und Olivenöl zu einer Paste vermischen. Das Fleisch damit gut einreiben und in Olivenöl anbraten, dann für 15 Minuten zum Knoblauch ins Backrohr geben. Währenddessen öfters mit Rotwein aufgießen.

Die Champignons waschen und halbieren. Fenchel der Länge nach in 5 mm breite Streifen schneiden. In einer großen Pfanne langsam braten, Champignons später dazugeben. Das Lamm nach der Bratzeit aus dem Ofen nehmen, mit Folie bedecken und rasten lassen. Den Bratenrückstand mit ein wenig Butter montieren, nochmals abschmecken.

Die Lammrücken nach jedem Knochen in einzelne Koteletts schneiden. Die gebratenen Knoblauchknollen halbieren und dazu geben.

Lamm ist eine der zartsten Fleischsorten, mild im Geschmack aber dennoch würzig. Wichtig ist, dass es wirklich von einem jungen Tier kommt, das unter 8 Monaten Lebenszeit geschlachtet wurde, also vor der Geschlechtsreife. Nur dann erreicht es auch den feinen Geschmack. Als Milchlamm bezeichnet man das Fleisch von Tieren, die unter 6 Monate alt waren, es ist besonders zart und blassrosa. Das Fett ist rein weiß. Wahre Feinschmecker bevorzugen noch jüngere Tiere, die unter 50 Tagen geschlachtet wurden. In Frankreich als „agnelet" bezeichnet, wird es in Italien „baccio" genannt. Leider haben manche Leute eine „intensivere" Erfahrung gemacht: Wenn es einmal so richtig „gehammelt" hat, war die erste Begegnung oft ein unerfreuliches kulinarisches Erlebnis und das Thema Lamm damit erledigt. Dann war das Tier wohl schon älter.

Entscheidend für das gute Aroma ist aber nicht nur das Alter, sondern auch die Herkunft. Auf Märkten, bei den türkischen Händlern kann man davon ausgehen, gute und frische Produkte zu bekommen, ebenfalls auf Bauernmärkten oder direkt ab Hof, wo man sehen kann, dass die Tiere auf Weiden gehalten werden. Sie können das Lammfleisch auch über Nacht in der Kräuterpaste zusammen mit etwas Rotwein ziehen lassen. Braterdäpfel oder Polenta sind wunderbare Beilagen.

CP

BLUNZENRADLN MIT SEMMELKREN

3 Blutwürste mittlerer Größe
4 Semmeln
Butter
1/4 l Rindsuppe
1/8 l Obers
1 Dotter
Apfelessig
Krenwurzel zum Reiben
Salz & Pfeffer

Die Blutwurst ist eine uralte und wahrhaft archaische Wurstsorte. In der Antike wurde sie auf dem Schlachtfeld von den Kriegern zubereitet – fragt sich, aus welchem Blut! Homer ließ Odysseus bei seiner Rückkehr nach Ithaka sprichwörtlich „um die Wurst" kämpfen – das Preisgeld war ein mit Schweineblut und -fett gefüllter Schweinsmagen.

In den regionalen Küchen kommt die Blutwurst in fast allen Gegenden Europas vor und hat viele Namen: Bei den Franzosen heißt sie „boudin", bei den Spaniern „morcilla", bei den Engländern – mit Hafer angereichert – wird sie „black pudding" genannt und ist ein Bestandteil des Frühstücks. Unsere germanischen Nachbarn nennen sie auch „rote Grützwurst" und „Beutelwurst".

Sie wird entweder kalt, gekocht oder gebraten verzehrt. Am heimischen Holzteller ist sie ein fixer Bestandteil der guten Brettljause. „Blunznfett sein" kommt vielleicht daher, dass trotz der trinkfesten Unterlage der Alkoholgenuss einfach zu groß war!

CP

Die Blunzen in der Haut in ca. 4 cm dicke Scheiben schneiden, die Schnittstellen bemehlen, langsam in ein wenig Butter beidseitig abbraten. Dann mit einem sehr scharfen Messer die Haut auf einer Seite einschneiden und abziehen.

Semmeln in dünne Scheiben schneiden, in der Suppe kurz kochen bis sie sich auflösen, mit Apfelessig würzen, den Dotter mit dem Obers versprudeln und in die Semmelmasse einrühren, nicht mehr kochen, mit frisch gerissenem Kren vermischen.

Zusätzlich kann etwas frischer Kren über die fertige Speise gestreut werden.

BEIRIEDSCHNITTE MIT KARTOFFELGRATIN

4 Beiriedschnitten
Olivenöl
Butter
Dijonsenf
1/4 l Rotwein
Thymianzweige

1 kg mehlige Kartoffel
1/4 l Schlagobers
1/2 l Milch
Butter
3 Knoblauchzehen
Parmesan
Muskatnuss
Salz & Pfeffer

Die Beiriedschnitten salzen, pfeffern, den Fettrand ein paar Mal einschneiden, damit sie sich beim Braten nicht wölben. Mit Dijonsenf bestreichen und im Butter-Olivenölgemisch beidseitig bei großer Hitze kurz in einer Pfanne anbraten, herausnehmen und zugedeckt rasten lassen. Bratenrückstand mit dem Rotwein ablöschen, gerebelten Thymian dazugeben, einreduzieren. Fleisch zurück in die Pfanne geben und bei geschlossenem Deckel kurz warm stellen.

Backrohr auf 220 Grad vorheizen. Kartoffeln schälen und in 2 mm dünne Scheiben schneiden. Das Schlagobers mit der Milch aufkochen, salzen und pfeffern, den Knoblauch schälen, fein reiben und dazugeben. Etwas Muskatnuss frisch hineinreiben und die Kartoffelscheiben 10 Minuten kochen. Eine Backform mit ein wenig Butter ausstreichen, die Kartoffeln einfüllen und mit fein geriebenem Parmesan bestreuen, im Rohr überbacken, bis die Oberfläche eine goldbraune Farbe bekommt.

Beim Fleischeinkauf immer darauf achten, dass das Fleisch wirklich „mürbe", also gut abgelegen ist, und dass der Fettrand dran ist. Ich finde, das gibt dem Fleisch erst die richtige „Fettwürze". Leider kommt es ja immer häufiger vor, dass die Fleischhauer wegen der Kalorienangst der Kunden das gute Randl vorher wegschneiden. Wenn ich beim Bestellen dazusage: „Aber bitte unbedingt mit dem Fett!", freut sich meist das Fleischhauerherz und ich ernte einen anerkennenden, verschwörerischen Blick.

Wer sich's einfach machen möchte, schichtet die Kartoffeln gleich in ziegelartiger Manier in die Backform und gießt das Milch-Schlagobersgemisch mit dem geriebenen Knoblauch und Muskat darüber. Dann allerdings braucht es 40–50 Minuten im Rohr. Ich habe den Gratin aber hier nach der französischen Methode (Dauphinoise) zubereitet. Das macht ein bisschen mehr Arbeit, schmeckt aber wesentlich feiner.

CP

OCHSENSCHLEPP

Der Ochsenschlepp ist ein sehr feines Fleisch, das manchmal unterschätzt wird. In der Kräftigkeit des Geschmacks steht er um nichts einem Tafelspitz nach. Preislich aber ist dieser Teil vom Rind wesentlich günstiger. Ich mag den Ochsenschlepp auch deshalb sehr gerne, weil ich eine Liebhaberin des Fingeressens bin. Es ist also durchaus erlaubt, wie bei Hühnerflügerl oder Schweinsripperl die Teile in die Hand zu nehmen und genüsslich abzunagen. Ich mache auch sehr gerne eine kräftige Suppe daraus.

Die Süßkartoffeln werden um so schöner, je dünner die Scheiben geschnitten sind. Das Fett muss unbedingt ganz heiß sein, damit der „Chipseffekt" erreicht wird. Deshalb verwenden wir hier Erdnussöl, weil man es sehr hoch erhitzen kann, ohne dass es verbrennt und obendrein macht es eine feine nussige Note.

Bei diesen Zutaten ergibt sich eine interessante Geschmackskomposition. Die süßlichen Zwiebeln und die krossen Kartoffelchips, dazu aber die leichte Schärfe des Bierradis, durch die Rotweinsauce gemildert, überraschen den Gaumen.

CP

1,5 kg Ochsenschlepp
Olivenöl
Butter
Erdnussöl
1/2 l kräftiger Rotwein
3 Süßkartoffeln
1/2 kg Schalotten
1 großer Bierrettich
Salz
Pfeffer

Den Ochsenschlepp salzen und pfeffern, in einer Pfanne im Butter-Olivenölgemisch rundherum gut anbraten. Die geschälten Schalotten im Ganzen zum Fleisch dazugeben, mit etwas Rotwein ablöschen. Deckel darauf geben und 20 min köcheln lassen. Bierrettich schälen und mit einem Julienneschneider in lange Streifen schneiden, in die Pfanne dazugeben und bei kleiner Hitze 10 min weiter dünsten. Immer wieder mit etwas Wein aufgießen. Mit einer Gabel probieren, ob das Fleisch schon weich ist.
Wenn dem so ist, alle Zutaten aus der Pfanne nehmen, warm stellen und den Bratrückstand kurz aufkochen, mit ein wenig Butter montieren.

Die Süßkartoffeln schälen, in ganz dünne Scheiben schneiden und in einer Pfanne mit sehr heißem Erdnussöl frittieren, bis sie sich leicht wölben.

Auf einem Stück Küchenrolle das Fett abtropfen lassen.

OSSOBUCCO

4 Beinscheiben von der Kalbshaxe (ca. 4 cm dick)
Mehl
Olivenöl
3 Karotten
2 Zwiebeln
Salbeiblätter
100 g Champignons
1/8 l Weißwein
2 kleine Dosen pürierte Tomaten
1/2 l Rindsbouillon
500 g Austernpilze
500 g Topinambur

In einer großen Pfanne, in die alle Fleischstücke nebeneinander passen, reichlich Olivenöl erhitzen. Die Kalbshaxen salzen und pfeffern, mit wenig Mehl stäuben und 10–15 Minuten im Öl beidseitig anbraten. Das Fleisch herausnehmen und beiseite stellen.

Die klein geschnittenen Karotten, Zwiebeln, Champignons und die Salbeiblätter kurz anrösten. Dann mit Weißwein, Tomatensauce und Rindsbouillon aufgießen, das Fleisch wieder dazu geben und mit einem Deckel zudecken. Bei kleiner Flamme mindestens 1 Stunde köcheln lassen, immer wieder umrühren, damit nichts anbrennt. Die Austernpilze waschen und in einer Pfanne kurz mit Olivenöl anbraten, salzen und pfeffern.

Die Topinamburknollen gut waschen und 20 Minuten in Wasser bissfest kochen. Beim Anrichten in der Schale lassen und halbieren, salzen und mit ein wenig Olivenöl beträufeln.

Ossobucco ist eine italienische Spezialität, das klassische Schmorgericht der Mailänder Küche. Die Fleischscheiben werden aus der hinteren Haxe der Milchkälber geschnitten. Typisches Merkmal ist das Markloch in der Mitte der Scheibe. Ossobucco heißt übersetzt „Knochen mit einem Loch". Das Mark gibt dieser Speise seinen unnachahmlichen Geschmack.

Die Topinamburknolle stammt aus Nord- und Mittelamerika. Sie gilt als Kulturpflanze der Indianer und wird heute auf fast allen Kontinenten angebaut. In Europa wurde diese süßlich schmeckende Knolle im 19. Jahrhundert fast von der Kartoffel verdrängt. Ihre weiteren Namen lauten Erdartischocke, Erdbirne, Indianerknolle oder Zuckerkartoffel. In manchen Gegenden wird sie auch Ross-Erdapfel genannt, da sie früher an Pferde verfüttert wurde. Seit geraumer Zeit hat sie auch in der feinen Kulinarik ihren Platz gefunden. Vor allem in Frankreich wird die kleine Knolle, die einen feinen Geschmack zwischen Kartoffel und Artischocke hat, als Beilage sehr geschätzt. Bei uns ist sie am Markt sowie in Supermärkten (da allerdings in kleinen Boxen portioniert) erhältlich. Man kann sie, wenn sie weich genug gekocht sind, mit der Schale verzehren oder man macht aus dem Fruchtfleisch ein Püree oder eine feine Suppe.

Austernpilze, auch Austernseitling genannt, werden seit geraumer Zeit in Kulturen auf Stroh und Holz gezüchtet. In der Natur kommen sie bevorzugt auf Laubhölzern vor. Ein weiterer Name für diese großen grau-beigen Pilze ist Kalbfleischpilz, weil sie einen wirklich feinen Geschmack haben und ihre Konsistenz dem Kalbfleisch ähnlich ist. In ganzen Stücken kurz in Olivenöl gebraten oder in dünne Streifen geschnitten, ebenfalls kurz geröstet und mit Schlagobers verfeinert sind diese Pilze eine schnelle Beilage zu Fleisch- sowie Fischgerichten. Kurz gedünstet und dann sauer mariniert schmecken sie als Salat sehr gut.

CP

STEAK MIT WHISKY

Rindsfilet gilt als eine der feinsten Fleischsorten überhaupt. Die beste Qualität ist von zarten, weißen Fetteinlagerungen durchzogen, sozusagen weiß geädert. Das Fleisch muss auch gut abgelegen sein und es soll sich trocken anfühlen, sonst kann es sein, dass die teure Spezialität „ausrinnt" und zäh wird. Reden Sie mit ihrem Fleischhauer und kaufen Sie nicht irgendeine Qualität, das Risiko ist relativ hoch. Sie können auch nach Filetspitzen fragen, das ist das dünnere Ende des Lungenbratens, das normalerweise zu einem günstigeren Preis als die großen Filetsteaks angeboten wird. Und gegen 2–3 Ministeaks statt einem großen ist eigentlich nichts zu sagen, sie kosten allerdings oft nur die Hälfte.

Das Ziel beim Braten ist, dass die gesamte Flüssigkeit drinnen bleibt. Das erreicht man, wenn man die Steaks ungesalzen – Salz entzieht Wasser – bei möglichst großer Hitze anbrät, ohne sie unnötig zu bewegen. Geben Sie sie erst in die Pfanne, wenn das Fett leicht zu rauchen beginnt. Die starke Hitze lässt die Oberfläche schockartig zusammenziehen und bildet so eine dichte Kruste, durch die der Saft nicht mehr austreten kann. Lassen sie die Steaks auf einer Seite 2–3 Minuten anbraten ohne sie zu bewegen und salzen Sie erst nach dem Umdrehen. Je nach Vorliebe kann das Innere entweder absolut roh bleiben – was bei guter Fleischqualität zu empfehlen ist – oder für jene, denen das zu blutig sein sollte, im Kern halb gegart – also rosa – sein. Keinesfalls sollte es ganz durchgebraten werden, es wäre schade um das schöne Fleisch. Mit etwas Erfahrung spüren Sie den Garungszustand durch Druck mit dem Finger: Rohes Fleisch ist elastisch und gibt nach, durchgebratenes nicht. Es bleibt Ihrer Vorstellungskraft, Ihrem Talent und Ihrer Erfahrung überlassen, den richtigen Zeitpunkt zum Rausnehmen zu erspüren. Und bedenken Sie: Die Steaks sollten nach dem Braten ein paar Minuten rasten, dabei garen sie noch weiter durch. Im Zweifelsfall ist zu kurzes Braten besser als zu langes!

ML

4 Filetsteaks vom Rindslungenbraten
Whisky nach Belieben
1/4 l Schlagobers
Tomatenmark aus der Tube
schwarze Pfefferkörner
oder frischer grüner Pfeffer
frischer Thymian
2 rote Paprika
2 feste säuerliche Äpfel
(am besten Boskop oder Cox Orange)
Butterschmalz
oder geschmacksneutrales Öl

Butterschmalz oder Öl erhitzen. Steaks bei maximaler Hitze (wenn der allererste Rauch aufsteigt) in die Pfanne legen. 2–3 Minuten nicht bewegen. Bei Bedarf die Hitze etwas reduzieren. Dann womöglich nur einmal wenden und salzen. Herausnehmen und auf einem Teller rasten lassen.

Bratenrückstände mit Whisky löschen, Flüssigkeit einreduzieren lassen. Schlagobers, einen Klecks Tomatenmark und grob zerstampften Pfeffer dazugeben, abschmecken und wieder reduzieren. Gerebelten Thymian dazugeben. Hitze abdrehen und die Steaks samt ausgetretenem Fleischsaft in die Sauce geben und warm stellen.

Große Paprikastreifen und geschälte Apfelspalten mit Butterschmalz in einer separaten Pfanne bei großer Hitze ganz kurz anbraten.

Dazu passt Kartoffelpüree oder einfach eine frische Baguette.

KUTTELN

Kaldaunen, Fleck, Löser, Pansen, Potenellen, Rumen, engl.: tripe, franz.: tripes, ital.: trippa, span.: callos! Die Namen der Kutteln sind ungefähr so zahlreich wie die Rezepte aus aller Herren Länder. Aus meiner eingehenden Beschäftigung mit diesem Thema ist vermutlich erkennbar, dass ich eine Liebhaberin dieser eher umstrittenen Speise bin. Bei Kutteln teilt sich die Menschheit in zwei Kategorien: In diejenigen, die sie lieben und in jene, für die sie als Nahrungsmittel des Haustieres Hund gelten. Kutteln sind Innereien, es handelt sich um den Vormagen von Wiederkäuern, vornehmlich des Rindes. Bei der Zubereitung ist wohl der Geruch nach Kuhstall, der sich beim Kochen breit macht, die größte Überwindung. Um mir und der Umgebung das zu ersparen, kaufe ich fertig vorgekochte Kutteln, die schon eine ideale Konsistenz haben. Reden Sie mit Ihrem Fleischhauer!

Die Italiener haben wohl die meisten Kuttel-Rezepte, allein in der Toskana gibt es 7 Varianten. Eine französische Variante aus der Stadt Troyes klingt auch sehr schmackhaft: Die Kaldaunen werden in dünne Streifen geschnitten, mit Senf bestrichen, mit Semmelbröseln bestreut und mit zerlassener Butter beträufelt im Ofen überbacken. Dazu eine Vinaigrette und eine frische Baguette! Die Türken lieben Kutteln als „Iskembe Corbasi", als solche kommen sie als einfache Suppe mit viel Zitrone auf den Tisch. Ähnlich zubereitet heißen sie in Polen „Flaki". Die Schweizer machen sie nach „Züricher Art" mit Karotten, Kümmel, Cayennepfeffer, Champignons und viel Rahm.

Ich habe sie schon auf viele Arten zubereitet, zuletzt für eine eingeschworene Gesellschaft von Kuttelfreunden mit Ingwer, Curry und Obers. Ein wahres Gedicht!

CP

800 g geputzte und vorgekochte Kutteln
Olivenöl
3 Zwiebeln
3 Knoblauchzehen
3 EL Tomtatenmark
3 EL Petersilie
150 g durchzogener Speck
3 EL Paprikapulver (süß)
3 EL Essig
1/4 l Weißwein
1/4 l Sauerrahm
Parmesan

Die Kutteln feinnudelig schneiden. Zwiebeln und Knoblauch fein schneiden, ebenso die Petersilie. Speck in dünne Streifen schneiden und alles in Olivenöl andünsten. Die Kutteln dazugeben und kurze Zeit mitrösten. Mit einem 1/2 l Wasser und dem Weißwein aufgießen, den Sauerrahm mit dem Paprika verrühren und mit dem Tomatenmark in die Pfanne geben. 15 Minuten bei mittlerer Hitze köcheln lassen, immer wieder umrühren. Darauf achten, dass alles schön flüssig ist, eventuell mit ein wenig Wasser aufgießen. Zuletzt mit dem Essig, Salz und Pfeffer würzen. Vor dem Servieren frischen Parmesan darüber reiben.

LAMMBRATEN MIT LAUCHPÜREE

1 kg ausgelöste Lammkeule oder Schulter
3 frische Rosmarinzweige
1 große Zwiebel
2 ganze Knoblauchknollen
2 Knoblauchzehen, fein gehackt
2 handvoll frische Kräuter, fein gehackt
(Thymian, Estragon, Basilikum, etc.)
1/4 l trockener Sherry (Fino)
1 kg Lauch
Olivenöl
60 g Butter
Parmesan
Muskat & Pfeffer
8 dünne Speckscheiben
600 g kleine Biokartoffeln

Dies ist ein Rezept, dessen Zubereitung zwar eineinhalb Stunden dauert, das aber insofern einfach ist, als alle Zutaten im Backrohr finalisiert werden. Dadurch ist es ideal, um Gäste zu bekochen, ohne selbst ins Schwitzen zu kommen. Alles kommt gleichzeitig aus dem Ofen, wenn man sich die Zeit ein bisschen einteilt. Damit wir hier keine Romane schreiben müssen und Sie sehen wie die Arbeitsschritte ineinander greifen, beschreiben wir den Arbeitsablauf noch einmal im Telegrammstil:

Rohr vorheizen – Kochwasser für Kartoffeln aufstellen – Kräuter und Knoblauchzehen klein hacken – Fleisch salzen, füllen und zubinden – Rosmarin & Zwiebelstücke ohne Fett in den Bräter legen, Braten darauf legen – ab ins Rohr, 15 Minuten Vollgas geben – in der Zwischenzeit Kartoffeln 10 Minuten vorkochen – nach 15 Minuten den Braten mit Sherry aufgießen, auf 180 Grad reduzieren und ganze, ungeschälte Knoblauchknollen dazugeben – nach 10 Minuten Kochzeit Kartoffeln halbieren, mit Salz, Olivenöl und Rosmarin mischen und auch ins Rohr geben – jetzt den Lauch zubereiten, wenn er fertig püriert ist, ebenfalls ins Rohr geben – Fleisch rausnehmen und rasten lassen, währenddessen den Knoblauch mit einer Gabel in die Sauce quetschen und alles übrige rausnehmen – Fleisch dünn schneiden und mit der Sauce nochmals ganz kurz ins Rohr geben – Speckscheiben anbraten und heiß über das Püree geben – servieren!

ML

Das Fleisch beim Einkauf zum Rollen und Füllen herrichten lassen. Überall gut salzen, fein gehackte Kräuter und Knoblauchzehen auf der Innenseite verteilen, rollen und binden. Zwiebel in dicke Scheiben schneiden und mit den Rosmarinzweigen als Sockel unter das Fleisch in den Bräter legen. Im vorgeheizten Rohr bei 220 Grad 15 min braten, dann mit Sherry aufgießen, ungeschälte Knoblauchknollen dazulegen und bei 180 Grad 30–60 min fertig garen, je nachdem ob der Braten innen rosa sein soll oder nicht. Fleisch rausnehmen, in Folie wickeln und 10 min rasten lassen. Den Knoblauch mit einer Gabel im Bratensaft zerdrücken, die Häute samt Rosmarin und Zwiebel entfernen, die Sauce eventuell pürieren. Fleisch in dünne Scheiben schneiden und zur Sauce legen.

Kartoffel 10 min in Salzwasser vorkochen, dann halbieren, mit Salz, Olivenöl und Rosmarinnadeln vermischen und im Rohr fertigbacken bis die Oberfläche der Kartoffeln leicht gebräunt ist.

Lauchpüree:
Lauch gut waschen und klein schneiden, die Hälfte in Olivenöl leicht anbräunen, dann den Rest zugeben, mit ganz wenig Wasser aufgießen, salzen und zugedeckt etwa 15 min dämpfen lassen, Deckel öffnen und Flüssigkeit restlos verdampfen lassen. In einem Cutter mit etwas Muskatnuss, Butter und fein geriebenem Parmesan pürieren, eventuell noch mit etwas Salz und Pfeffer abschmecken. Im Rohr warm halten. Unmittelbar vor dem Servieren die Speckscheiben anbraten und mit dem heißen Fett über das Püree gießen.

GEFÜLLTER SCHOPFBRATEN MIT INGWERKAROTTEN

Wenn es um Schweinsbraten geht, dann ist der „Schopf" das beste Stück vom Schwein. Dieses Fleisch ist schön von zarten Fettschichten durchzogen und bleibt dadurch saftig – im Gegensatz zum Karree, das den Fettrand nur außen trägt und im Inneren zwar mager, aber trocken wird. Bei diesem Rezept verzichten wir auf die klassische Kombination Kümmel–Knoblauch und behandeln das Fleisch mit einer Mischung aus Salz und frisch gemahlenen Fenchelsamen.

Der Trick mit dem Sockel aus Knochen und dicken Zwiebelscheiben besteht darin, dass diese am Boden des Bräters ordentlich anbräunen, bevor aufgegossen und die Hitze reduziert wird. Dadurch geben sie ihre Röstaromen an den Saft weiter. Beide werden am Ende entfernt. Allerdings sollten sich Liebhaber des „Abnagens" das Fleisch auf den Knochen nicht entgehen lassen!

Die Ingwerkarotten werden nur gebraten und kommen mit keinerlei Wasser in Berührung. Die eigene Flüssigkeit reicht aus, um das Gemüse bei geschlossenem Deckel fertig zu dämpfen. Erst wenn die Rüben auf der Unterseite leicht angebräunt sind, sollte man vorsichtig umrühren und die Hitze ganz zurückdrehen. Diese Methode hat – im Gegensatz zum Kochen – den Vorteil, dass die Geschmacks- und sonstigen Inhaltsstoffe nicht ausgewaschen werden, und dass der eigene Zucker des Gemüses karamelisiert und damit das Geschmacksspektrum zur vollen Entfaltung bringt. Die Kunst der Zubereitung besteht darin, dass die richtige Bandbreite dieses Spektrums ausgewählt wird, außen noch nicht angebrannt und innen gerade nicht mehr roh.

ML

1 kg Schopfbraten ohne Knochen (lassen Sie sich die Knochen aber extra dazu packen)
100 g Dörrzwetschken, entkernt
1 große Zwiebel
1–2 EL Fenchelsamen
1 EL frische Rosmarinnadeln
3 EL Semmelbrösel
ca. 1/4 l trockener Sherry (Fino) zum Aufgießen
grobes Meersalz

700 g Karotten
1 daumengroßes Stück frischer Ingwer
Butter
Salz

Lassen Sie den Schopfbraten vom Fleischhauer so zubereiten, dass er sich füllen und rollen lässt. Oder Sie machen es selbst: 2 Schnitte, so dass er sich links und rechts aufklappen lässt.
Meersalz und Fenchelsamen gemeinsam im Mörser verarbeiten und das Fleisch innen und außen gut damit einreiben.
Dörrzwetschken und Rosmarin fein hacken, mit Brösel mischen und Fleisch damit füllen, rollen und zubinden.
Die geschälte Zwiebel in 3–4 dicke Scheiben schneiden und zusammen mit den Knochen als Sockel in den Bräter legen, darauf das Fleisch. 15 min im vorgeheizten Rohr bei 250 Grad braten, dann mit Sherry aufgießen und auf 180 Grad zurückdrehen, noch 1 Stunde garen.
Eventuell zwischendurch aufgießen.

Karotten der Länge nach in Stifte schneiden, zusammen mit dem fein geschnittenen Ingwer in Butter leicht anbraten, salzen und bei geschlossenem Deckel auf kleiner Flamme ca. 8 min fertig garen. Sie sollten nicht zu weich und ganz leicht angebräunt sein.

ESTRAGONKANINCHEN

4 Kaninchenkeulen
250 g Schalotten
100 g Speck
Olivenöl
Butter
1/2 l Weißwein
1 Schuss Pastis
1/4 l Schlagobers
1 EL Dijonsenf
frischer Estragon
Salz & Pfeffer
4 Babyauberginen

Das Kaninchen hat ein zartes, wohlschmeckendes Fleisch, ähnlich dem Kalbfleisch. Bei uns weckt dieses Fleisch manchmal noch die Erinnerung an „Arme-Leute-Essen". Früher hielt man sich in schweren Zeiten die Tiere als „Notfleisch" für besondere Anlässe am Balkon. Durch ihre schnelle Vermehrung – sechs bis zehn Würfe im Jahr mit bis zu zehn Jungen – waren sie eine ergiebige Fleischreserve.

Kaninchen sind kleiner als Hasen und brauchen dadurch auch weniger Zeit bei der Zubereitung. Aus unserer heimischen Küche fast verschwunden, erlebt das Karnickel wieder eine Renaissance. In Spanien, Frankreich oder Italien kommt es öfter auf den Tisch. Am besten ist es natürlich, ein Wildkaninchen zu bekommen, fragen sie am Markt nach, oder bei einem Bauernladen. Weil es sehr fettarm und leicht verdaulich ist, gilt es als sehr gesund und wird deshalb auch in der Diätküche gerne eingesetzt.

Um das Fleisch noch zarter zu machen, kann man die Keulen auch mit Speckscheiben umwickeln und dann braten.

CP

Keulen salzen und pfeffern, rundherum gut anbraten, herausnehmen und beiseite stellen. Speck und Zwiebeln klein schneiden, im Öl-Buttergemisch glasig dünsten, mit Wein aufgießen, salzen. Kaninchenteile wieder beigeben und für 30 min zugedeckt im Rohr braten, bei Halbzeit einmal die Keulen umdrehen, mit Saft begießen. Gegen Ende den Pastis dazu geben. Bräter aus dem Rohr nehmen, Schlagobers und Senf einrühren, mit klein geschnittenem Estragon würzen, alles nochmals kurz reduzieren lassen, bis eine schöne Konsistenz entsteht.
Auberginen halbieren, salzen, einige Minuten stehen lassen, die ausgetretene Flüssigkeit mit Küchenrolle abwischen, die Hälften mit Olivenöl beträufeln und 20 min im Rohr braten.

FISCH

ROGEN & ROGGEN

Der Begriff Kaviar geht wohl auf einen iranischen Volksstamm zurück, der am Kaspischen Meer lebte. Die Khediven waren für ihre Körperkraft bekannt und aßen viel Kaviar. Die eingesalzenen Störeier hießen bei ihnen „Cahv-Jar“ und bedeutet „Kuchen der Freude“. In unserem Rezept handelt es sich um Kaviarersatz, den „Deutschen Kaviar“ aus Rogen vom weiblichen Seehasen, auch „Falscher Kaviar“ genannt. Die Eier sind blassrosa bis gelblich, werden gesalzen und schwarz oder rot eingefärbt. Lachs- und Forellenkaviar können ebenso als Ersatz verwendet werden. Vom „schwarzen Gold“ ist die Rede, wenn die edlen Sorten „Beluga“ – der Teuerste von allen, „Ossietra“ und „Sevruga“ (alle von verschiedenen Stör-Arten) im Spiel sind. Sie sind erheblich teurer und zum Verkochen fast zu schade! Diese Delikatessen sollten eigentlich pur – on the rocks – genossen werden. Echter Kaviar wird mit Perlmutt- oder Hornlöffeln gegessen. Silberlöffel verderben den Geschmack! Als würdiger und passender Begleiter bietet sich das harmlos klingende Wässerchen „Vodka“ an, mit mindestens 40 % Alkoholgehalt. Bereits im 15. Jahrhundert wurden in Polen und Russland vodkaartige Spirituosen aus Getreide gebrannt. Die auffälligste Eigenschaft eines guten Vodkas ist der milde, weiche, leicht süßliche Geschmack, der nur bei der traditionellen Herstellung in Osteuropa aus Roggen entsteht. Preiswerter wird er in westlichen Ländern aus Kartoffeln und Melasse hergestellt. Er trägt zwar auch den Namen Vodka, ist allerdings geschmacklich herb und ohne Leichtigkeit – kein Vergleich!

Die Kombination aus Fischeiern und Schnaps ist eine Überraschung für die Geschmacksknospen. Vodka und Kaviar gehören einfach zusammen – warum nicht einmal als Verbündete in einem Nudelgericht? Durch den erhitzten Alkohol entsteht eine sehr interessante, fast herbe Geschmacksnote.

CP

4 EL Olivenöl
400 g Spagetti
3 Frühlingszwiebeln
1 Knoblauchzehe
150 g schwarzer Kaviar (Seehasenrogen)
1/8 l Crème Fraîche
1/8 l Vodka
1 EL frischer Zitronensaft
schwarzer Pfeffer aus der Mühle
geriebene Schale von Zitrone oder Limette

Die Jungzwiebeln und den Knoblauch in feine Scheiben schneiden und einige Minuten im Öl andünsten. 2/3 des Vodkas und die Hälfte des Kaviars samt Crème Fraîche dazugeben, bei niedriger Hitze 3–4 Minuten köcheln lassen.

Die Nudeln in leicht gesalzenem Wasser „al dente“, also bissfest, kochen und nach dem Abtropfen sofort in die Pfanne geben und mit der Sauce vermischen. Mit Zitronensaft und Pfeffer abrunden. Die restliche Hälfte der Fischeier und den Vodka erst auf die angerichteten Portionen verteilen. Ebenso etwas fein geriebene Schale von Zitrone und/oder Limette.

GEFÜLLTE TINTENFISCHE

8 Stück mittelgroße geputzte Kalamare
(wenn möglich nur die Tuben ohne Kopf)
250 g Semmelbröseln
3 Knoblauchzehen
1 Bund Petersilie
1 Zweig Rosmarin
1 unbehandelte Zitrone
1/4 l trockener Weißwein
reichlich Olivenöl
1/8 l Schlagobers
Salz
Pfeffer

Knoblauch fein reiben, Rosmarinnadeln und die Hälfte der Petersilie klein schneiden, mit den Bröseln, Salz, Pfeffer, der geriebenen Zitronenschale, einigen EL Olivenöl und dem Zitronensaft zu einer feinen Masse abmischen. Die Tuben füllen.

In einer Pfanne Olivenöl erhitzen und die Tintenfische auf allen Seiten anbraten, mit Weißwein ablöschen und einige Minuten schmurgeln lassen. Den Bratenrückstand mit Schlagobers aufgießen und bis zur richtigen Konsistenz reduzieren lassen.

In einer Pfanne Öl sehr heiß erhitzen und die restlichen Petersilienblätter im Ganzen kurz kross braten, über die Calamare geben.

Tintenfische sind übrigens gar keine richtigen Fische: Wie die Muscheln und Schnecken gehören sie zur Gruppe der Weichtiere. Die wirbellosen Tiere werden in der mediterranen und asiatischen Küche vielfältig verwendet. Küchentechnisch werden die essbaren Kopffüßler als Tintenfische bezeichnet und als Kalamare (Calamari, Seppie, Calamares) und Kraken (Octopus, Polpo, Pulpo) unterschieden. Tintenfische haben einen Kopf mit zehn dünnen Armen und einen spindel- bis kegelförmigen Leib mit zwei seitlichen dreieckigen Flossen. Die Tintenbeutel, die ihnen den Namen geben, liegen hinter dem Kopf, die enthaltene braunschwarze Tinte (Sepia) gibt dem „risotto nero" die berühmte Farbe und wird auch zum Färben von Nudeln verwendet.

Wichtig ist, dass die Brösel-Gewürzmischung kompakt, aber nicht zu prall eingefüllt wird, da sich die Masse beim Braten ausweitet. Ich empfehle, Bröseln aus Semmeln oder frischem Weißbrot selbst herzustellen. Das schmeckt besser und gibt der Fülle eine feinere Konsistenz. Es geht mit frischem Brot ganz einfach im Cutter oder mit einer Reibe, wenn das Gebäck schon etwas älter und härter ist. Handelsübliche Bröseln sind meist stark gesalzen beziehungsweise mit Geschmacksverstärkern angereichert.

CP

EI MIT LACHS & RUCCOLACREME

Diese Speise kann auch kalt gegessen werden. Dann brauchen die Omelettes nicht zwischengewärmt werden. Damit die Rollen optimal zusammenhalten, packt man sie in Folie und lässt sie 10 Minuten rasten, das gilt für die warme wie kalte Variante. Wichtig für das Gelingen ist auch die richtige Pfanne. Eierspeisenliebhaber verwendeten dafür nur spezielle Pfannen, die für keine andere Verwendung genutzt werden durften und nur mit einem Tuch oder Küchenrolle gereinigt wurden. Seit der Erfindung der Teflon-Beschichtung kann man diese Problematik aber wesentlich lockerer angehen.

Wegen des kräftigen Geschmacks wird Ruccola auch gerne als Würze verwendet, die Römer schätzten das schon vor 2000 Jahren. Seit er sich bei uns immer größerer Beliebtheit erfreut, wird er auch hier verstärkt angebaut. Oft wird er in Mischsalaten verwendet, aber auch als gedämpftes Gemüse schmeckt er sehr fein. Ruccola gibt es in nussigen, scharfen und bitteren Geschmacksrichtungen.

CP

8 Eier
1/8 l Milch oder Obers
Butter
4 Scheiben vom Räucherlachs
3 Handvoll Ruccola
1/4 l Sauerrahm
Saft einer halben Zitrone
2 EL Dijonsenf
Salz
Pfeffer

Rohr auf 150 Grad vorheizen
Eier mit Milch oder Obers leicht verschlagen, salzen.
4 Omelettes herstellen: In einer Pfanne Butter erhitzen, Eiermasse einfließen lassen und bei geringer Hitze „ziehen" lassen, bis sie eine feste Konsistenz hat, im Rohr warm halten.

Jeweils mit einer Lachsscheibe füllen und zu einer festen Rolle drehen. Jede Rolle in Folie wickeln und 10 min rasten lassen.

Den Ruccola kurz blanchieren, in der Küchenmaschine mit Sauerrahm, Senf und Zitronensaft zu einer feinen Creme pürieren. Mit Salz und Pfeffer abschmecken.

PUFFERBLINI MIT LACHSKAVIAR

10 mittelgroße mehlige Erdäpfel
1 EL Mehl
1/4 l Sauerrahm
2 TL Dijonsenf
ca. 1/4 l Erdnussöl
250 g Lachskaviar
Salz & Pfeffer
Schnittlauch

Rohe Erdäpfel reiben, rasten lassen und die Masse ausdrücken. Mit ein wenig Mehl binden, salzen und pfeffern.

In einer Pfanne Erdnussöl erhitzen und kleine Portionen (in der Größe eines Suppenlöffels) ins heiße Fett geben und beidseitig goldgelb herausbraten, auf einer Küchenrolle das Fett abtropfen lassen.

Sauerrahm mit Dijonsenf und Salz abmischen, auf die Blini jeweils einen kleinen Löffel Rahm und Kaviar geben.
Frischen Schnittlauch darüber streuen.

Diese Erdäpfelnester sind natürlich keine echten Blini. Aber durch die klassische Kaviarauflage mit dem Sauerrahm werden sie hier zu solchen. Originale Blini sind kleine Hefeküchlein, deren Teig aus Buchweizenmehl, Milch, Hefe, Salz und Eiern zubereitet wird, ein Gericht der russischen Küche. Wichtig bei unserem Rezept ist, dass die Puffer schön knusprig gebraten werden und bis zum Kern gut durch sind. Eine schnelle kleine Köstlichkeit, die mit wenig Zutaten und geringem Aufwand auskommt. Statt Kaviar kann man kleine geräucherte Lachsstücke oder kurz angebratene Shrimps auflegen. Auch sehr gut schmecken die kleinen Puffer, wenn man sie mit fein geriebenen, rohen Zucchini und Karotten belegt.

Erdnussöl eignet sich sehr gut für Speisen, die stark erhitzt werden. Es ist relativ hitzeunempfindlich, zudem gibt es einen feinen nussigen Geschmack.

CP

TATAKE TOFU

In der japanischen Küche ist die Frische der Zutaten das wesentliche Kriterium schlechthin, so auch bei diesem extrem leichten und erfrischenden Gericht. Eingeschweißter Tofu aus der Kühlvitrine des Supermarkts ist viel zu trocken und bröselig. Man braucht schon frischen, in Flüssigkeit gelagerten Tofu, der in allen Asia-Läden erhältlich ist. Auch der Thunfisch muß ganz frisch und für die Zubereitung von Sushi oder Sashimi geeignet sein. Fragen Sie danach und riechen Sie daran! Ihre Nase ist ein untrüglicher Indikator für die leisesten Anzeichen von Verderben bei Fisch oder Fleisch, zumindest in rohem und ungewürztem Zustand. Essen Sie alles am Tag des Einkaufs, Aufbewahren über Nacht ist nicht ratsam. Da bei diesem Rezept der Fisch klein gehackt wird, kann man auch kleine Reststücke und Abschnitte vom Filetstück verwenden, die man beim Fischhändler oder auch in manchen Sushi-Läden vielleicht billiger bekommt.

Die Zubereitung dieser japanischen Vorspeise dauert nicht mehr als drei Minuten. Alles, was man braucht, ist ein scharfes Messer und ein Schneidbrett. Nicht einmal das Aufwärmen von Fertigessen kann da beim Zeitaufwand mithalten. Die rohen Zutaten werden lediglich mit etwas Sojasauce übergossen, wobei ich eine helle (light) Sorte vorziehe, weil sie nicht so intensiv und salzig ist, wie die bekanntere schwarzbraune Sauce.

ML

600 g frischer Tofu
300 g frischer Thunfisch (für Sushi)
helle Sojasauce
Wasabi

Tofu in Scheiben schneiden,
Thunfisch klein hacken.

Beides mit heller (light) Sojasauce übergießen
und einen Klecks Wasabi dazugeben.

Gleich essen!

THUNFISCH IM REISPAPIER

400 g Thunfischfilet
frischer Koriander
Wasabi
Reispapier
Sojasauce
Sesamöl
Erdnussöl
Jungzwiebel

Die Thunfischfilets in ca. 2 cm breite Streifen schneiden. Jedes Stück mit klein geschnittenem Koriander und ein wenig Wasabi (japanische Krenpaste) bestreichen. Das Reispapier auf ein sauberes, feuchtes Geschirrtuch auflegen und weich (aber nicht nass) werden lassen, bis es leicht biegbar ist. Das Papier mit einem Messer halbieren und ein Fischstück darin einwickeln. Beide Öle zusammen in einer Pfanne erhitzen und die Reisrollen kurz rundherum knusprig braten. Der Thunfisch sollte im Kern roh bleiben, gänzlich durchgegart wird er trocken! Den Jungzwiebel gut waschen, in 10 cm lange Stücke schneiden, diese wiederum in dünne Streifen. Mit Sojasauce, die mit einigen Tropfen Sesamöl aromatisiert wird, anrichten.

Ein wirklich schnelles und effektvolles Gericht! Thunfisch gibt es in Fischhandlungen und Sushi-Lokalen mit Verkaufstheke zu kaufen. Die Reisblätter, Wasabi und Sojasauce bekommt man im Asia-Shop. Beim Anfeuchten der Blätter muss man den richtigen Weichheitsgrad erwischen. Sind sie zu feucht, reißen sie leicht, sind sie zu trocken, brechen sie. Es dauert meist nur 3 Minuten. Mehrmals testen, man merkt beim Anheben der Blätter sehr schnell, wann sie „richtig" sind.

Wasabi ist der japanische Meerrettich, auch Wassermeerrettich genannt. Aus der Wurzel wird das scharfe Gewürz hergestellt, das in der japanischen Küche oft zusammen mit Sojasauce gereicht wird. Er kommt nur in Japan wild vor und wird mittlerweile industriell hergestellt. Er ist schärfer als der europäische Kren. Die Schärfe kommt von den flüchtigen Senfölen. Er brennt nicht so stark wie Chili auf der Zunge, sondern mehr im Rachen und in der Nase. Wasabi hat wie der heimische Kren eine gesundheitsfördernde Wirkung. Er regt die Verdauung an und wirkt gegen unerwünschte Bakterien im Darm.

CP

PENNE MIT THUNFISCH

Dieses unkomplizierte Pastagericht können Sie schnell zubereiten, wenn Sie ein Zweiglein Rosmarin, eine Dose Thunfisch und eine Dose Tomaten zuhause haben. Knoblauch und Olivenöl haben Sie sowieso. Oliven, Sardellen und frischer Thymian sind fein, müssen aber nicht unbedingt sein. Wenn Sie ein Stöcklein Rosmarin beim Fenster, am Balkon oder gar im Garten haben, können Sie jederzeit auf dieses „Notrezept" zurückgreifen, wenn Sie sonst nichts im Haus haben. Das ist eine typische „10-Minuten-Pasta" für hungrige Kinder und Erwachsene, für die man normalerweise nicht extra einkaufen muss.

Wichtig dabei ist der Trick mit dem Kochwasser der Nudeln. Pasta muss „glitschig" sein! Zu trockene Pasta muss man regelrecht runterwürgen. Auch der Schuss Olivenöl am Schluss ist ein nicht unwichtiges Detail.

ML

1 Zweig frischer Rosmarin
1 Dose Thunfisch
1 kleine Dose geschälte Tomaten
oder 250 g Kirschtomaten
frischer Thymian
Oliven
4 Sardellenfilets
oder Sardellenpaste
ca. 4 Knoblauchzehen
Olivenöl
500 g „kurze" Pasta (z.B. Penne)

Den ganzen Rosmarinzweig mit dem geschnittenen Knoblauch in Olivenöl behutsam anbraten (Knoblauch soll nicht dunkel werden).
Dann Sardellen, Thunfisch, Oliven und Tomaten dazugeben und köcheln lassen.
Rosmarinzweig entfernen.

Währenddessen die Pasta eine Minute kürzer als angegeben kochen. Das Kochwasser aufheben! Die Pasta in die Pfanne zum Sugo geben, mit einem Schöpfer ein wenig vom Kochwasser zugeben, sodass eine schön saftige Konsistenz erreicht wird. 1 min Hitze geben, gut durchmischen, eventuell nochmals mit Kochwasser die Konsistenz korrigieren. Am Schluss ein Schuss Olivenöl.

SCHOLLE MIT INGWER

4 Schollenfilets mit Haut
1 fingergroßes Stück Ingwer
300 g Mangoldblätter
1 roter Paprika
1 Bund Jungzwiebel
2 Knoblauchzehen
Olivenöl
Butter
Mehl
1 Zitrone
trockener Weißwein
Salz
Pfeffer

Schollenfilets sollten immer mit Haut gekauft werden, denn so zerfällt der Fisch beim Braten nicht. Da die Scholle keinen besonders ausgeprägten Eigengeschmack besitzt, wird sie bei diesem Rezept mit würzigem Ingwer und Knoblauch kombiniert.

Der Mangold ist ein hervorragendes Blattgemüse und gehört zur Familie der roten Rüben. Lange stand er im Schatten des Spinats, dabei schmeckt er intensiver und ist durch seine Robustheit vielseitiger zu verwenden. Kühl und dunkel gelagert hält er auch länger, als die feinen Spinatblätter. Wenn man auch die fleischigen Stiele verwendet, müssen diese länger gedünstet werden. Beim Kauf ist darauf zu achten, dass die Strünke und Blattränder keine braunen Stellen haben, dann ist er frisch.

CP

Die Schollenfilets rundherum salzen und beidseitig bemehlen. Knoblauch in dünne Scheiben schneiden, Ingwer fein reiben. Die Filets im Butter-Olivenölgemisch scharf anbraten, Hitze reduzieren, Ingwer und Knoblauch kurz mitbraten. Fische aus der Pfanne nehmen, den Bratrückstand mit Wein löschen, mit einem kleinen Stück Butter montieren, kurz einreduzieren lassen.

Den Paprika in breite Streifen schneiden, kurz im Olivenöl anbraten. Den Jungzwiebel der Länge nach halbieren und zu den Paprikastreifen in die Pfanne geben, mit Weißwein ablöschen und kurz dünsten lassen. Die Mangoldblätter 5 min in Salzwasser blanchieren. Fischfilets mit Mangold und Paprika zu lockeren Rollen drehen und beim Anrichten mit der Sauce übergießen. Den Jungzwiebel als Beilage servieren. Jeweils eine geviertelte Zitrone dazu anrichten.

PULPO GALLEGO

Der „Galizische Oktopus" ist ein absoluter Klassiker unter den spanischen „tapas", jenen sympathisch unkomplizierten, kleinen Speisen, die man in Spanien praktisch überall und jederzeit bekommt. Tapas werden vor allem in kleinen Bars und Cafés ohne große Küche angeboten, weshalb ihre Zubereitung einfach und schnell gehen muss. Das wichtigste Gerät dabei ist die „plancha", eine glatte, leistungsfähige Grillplatte, wie sie auch bei unseren Würstelständen verwendet wird. In Spanien gibt es wahre Meister an der „plancha", die ausschließlich mit diesem Kochgerät in kürzester Zeit eine unglaubliche Vielfalt an Speisen zaubern und damit alleine die komplette Klientel eines Restaurants versorgen. Die bekannten Fastfoodketten, wo ganze Mitarbeiterteams an komplizierten Maschinenparks werkeln, um im Grunde ein paar eher traurige „Fleischlaberl" herzustellen, könnten sich in Sachen Produktivität eine Scheibe davon abschneiden. Was in Spanien die „plancha" ist, heißt in Japan „teppan yaki" und wird dort ganz ähnlich eingesetzt: Hocheffektive Kochkunst auf nur einer heißen Platte. Zum schnellen Wenden und Verschieben zwischen den verschieden temperierten Zonen wird mit zwei Spachteln gearbeitet. Zuhause geht's natürlich auch in der Pfanne!

Der Oktopus wird im Ganzen vorgekocht und anschließend abgekühlt. Im Kühlschrank, luftdicht verpackt, hält er sich ganz gut. Man kann diese Arbeit ohne weiteres schon am Vortag erledigen. Erst unmittelbar vor der Zubereitung wird der Krake in Scheiben geschnitten, die zarten Spitzen der Fangarme kann man ganz lassen. Vergessen Sie nicht, den harten Schnabel zu entfernen.

Verwenden Sie ein besonders gutes Olivenöl, etwas süßes Paprikapulver und – wichtig! – grobkörniges Salz, um den fertig angerichteten „pulpo gallego" zu würzen.

Wenn man es noch einfacher möchte, kann man Oktopus auch kalt als Salat marinieren, zum Beispiel mit fein aufgeschnittenem Zwiebel, Balsamico, Olivenöl, Salz und Pfeffer. Das passt sehr gut zu frischem Ruccola.

Man kann durchaus tiefgekühlte Ware verwenden, die aber vor dem Kochen auftauen soll. Wenn Sie nicht direkt am Meer wohnen, war der Oktopus, den Sie „frisch" beim Fischhändler kaufen, mit hoher Wahrscheinlichkeit schon einmal tiefgekühlt. Außerdem wird durch das Frieren das Fleisch zarter.

ML

ca. 700 g Oktopus
ca. 500 g Kartoffeln
Olivenöl
grobkörniges Meersalz
Paprikapulver (süß)

Den Oktopus in viel Wasser ca. 30 min weich kochen (kleine Tiere nur 20 min, besonders große bis zu 60 min, Weichheit mit einer Nadel oder Gabel an der dicksten Stelle prüfen). Man kann ein Stück ungespritzte Zitrone und ein Lorbeerblatt mitkochen.

Nach dem Kochen nicht rausnehmen, sondern im Kochwasser abkühlen lassen, damit die zarte Haut nicht aufplatzt.

Kartoffeln schälen, jeweils in 3–4 Scheiben schneiden und in Salzwasser nicht ganz durchkochen, sodass sie noch fest bleiben.

Den abgekühlten Oktopus in nicht zu dicke Stücke schneiden und mit den Kartoffelscheiben in Olivenöl scharf anbraten.

Auf Teller anrichten, mit grobem Meersalz und Paprikapulver bestreuen, mit bestem Olivenöl reichlich beträufeln.

VEGETARISCH

DANKE LORENZO

Wir haben diesen Namen für das Rezept gewählt, weil wir es von unserem Freund, dem Historiker, Gastronomiekritiker und Koch Lorenzo Morelli kennen, von dem wir beide viel gelernt haben. Und weil es zum Niederbrechen gut ist, vor allem wenn man die Knoblauchchips perfekt hinkriegt! Wenn Sie jemanden „einkochen" wollen, ohne stundenlang in der Küche zu stehen, dann ist dies das Rezept schlechthin!

Die Kombination von Sardelle mit Rosine mag zwar ungewöhnlich erscheinen, man sollte sich aber nicht durch mögliche Skepsis abschrecken lassen. Die eingelegten Fischfilets schmelzen beim Braten, lösen sich unsichtbar auf und verstärken auf wundersame Weise die Aromen der anderen Zutaten, treten selbst jedoch geschmacklich in den Hintergrund. Am Ende schmeckt es gar nicht nach Fisch!

Die Verwendung von eingesalzenem, fermentiertem Fisch als Grundlage des Würzens hat eine uralte Tradition: Im antiken Rom war der Gebrauch von „garum", einer in Tonamphoren mit Salz vergorenen Fischsauce, absolut unverzichtbar. Auch in der südostasiatischen Küche wird heute noch prinzipiell Fischsauce statt Salz verwendet. In Vietnam hat das Brauen von „nuoc mam" eine ähnlich hohe Kulturstufe erreicht, wie bei uns das Keltern von edlen Weinen. Man verwendet seine eigene spezielle Sauce, ohne die man sich eine kulinarische Existenz gar nicht vorstellen kann. Im alten Rom soll es ganz ähnlich gewesen sein. Durch die Verwendung der Sardellen und der anderen, allesamt süßen Zutaten wie Knoblauch, Rosinen und Pignoli berühren wir dieses alte Geschmacksuniversum. All das war damals bekannt und wurde intensiv verwendet. Nur die Ravioli möglicherweise nicht. Und wer weiß, vielleicht ist der Nudelteig doch nicht erst mit Marco Polo nach Italien gekommen.

Wichtig ist das ganz langsame Anbraten des dünn geschnittenen Knoblauchs. Bei allerkleinster Flamme soll er gerade golden, aber nicht braun werden. Nur eine Spur zu lange oder zu heiß geröstet verbreitet er ein unangenehm bitteres Aroma. Behutsam gebraten werden das knusprige, duftend süße Minichips.

Probieren Sie dieses Rezept aus, kosten Sie, falten Sie die Hände und sprechen Sie mit uns:
„Danke Lorenzo!"

ML

500 g frische Ravioli oder Tortelloni, mit Ricotta gefüllt
1 Handvoll Rosinen
1 Handvoll Pinienkerne
6 Knoblauchzehen
6 eingelegte Sardellenfilets
1 Zweig frischer Rosmarin
Olivenöl

Knoblauch in dünne Scheiben schneiden und zusammen mit dem ganzen Rosmarinzweig bei geringster Hitze in Olivenöl ganz langsam braten.

Rosinen und Sardellenfilets grob hacken und mit den Pinienkernen etwa 3–5 Minuten nach dem Knoblauch in die Pfanne geben und mitbraten lassen. Sobald der Knoblauch die ersten goldbraunen Verfärbungen zeigt, sofort stoppen.

In der Zwischenzeit die frischen Ravioli in viel gut gesalzenem Wasser 1–2 Minuten aufkochen lassen.

Den Rosmarinzweig aus der Pfanne entfernen und die heißen Ravioli behutsam untermischen.

Sofort essen!

GRATINIERTER CHICORÉE MIT RADICCHIO

4 ganze Chicorées
300 g Schafkäse
Thymianzweige
Salz und Pfeffer
3 längliche Radicchioköpfe
Balsamico-Essig
Olivenöl

Backrohr auf 220 Grad vorheizen. Die Chicorées 5 min im leicht gesalzenen Wasser blanchieren, der Länge nach halbieren und in eine Backform legen. Mit dünn geschnittenen Schafkäsestücken belegen und salzen. Alles mit Olivenöl beträufeln. 20 min im Rohr überbacken, die letzten 5 min mit Oberhitze bis der Käse zu bräunen beginnt. Radicchioblätter von den Strünken befreien und in feine Streifen schneiden, kurz in Olivenöl anbraten, mit Essig, Salz und Pfeffer würzen.

Der Bitterstoff Intybin des Chicorées kann durch das Herausschneiden des Strunkes gemildert werden, aber gerade dieser Geschmack macht ihn ja aus. Auch die gesunden Vitamine und Mineralstoffe sind in diesem Teil enthalten. Am besten lagert man ihn dunkel und luftig im Kühlschrank, da er bei Tageslicht ergrünt und sich der bittere Geschmack noch verstärkt. Die weißen Blattknospen werden bei völliger Dunkelheit direkt aus den Wurzeln gezogen. Chicorée darf niemals in eisernen Töpfen, Pfannen oder Schüsseln zubereitet werden, da er sich sonst schwarz verfärbt.

Der verwandte Radicchio stammt ursprünglich aus Venetien. Während bei uns eher der runde Radicchio di Verona bekannt ist, bevorzugen die Italiener den in der Form dem Chicorée ähnlichen Radicchio di Treviso, der gerne gebraten oder gegrillt wird. Der hellgelbe, blütenartige Radicchio di Castelfranco wird aber ausschließlich als Salat gegessen.

Chicorée und Radicchio gehören zu den Zichoriengewächsen und haben diese herbe Bitterkeit, die sich positiv auf den Verdauungstrakt auswirkt. Sie stärken das Immunsystem, fördern den Appetit und entsäuern den Körper.

CP

GEBRATENER SPARGEL

Grüner Spargel sollte so frisch und zart sein, dass man ihn gar nicht schälen muss. Bei besonders dicken Exemplaren empfiehlt es sich, maximal im unteren Drittel die Haut zu entfernen. Frischen Spargel erkennt man daran, dass die Stangen prall und straff sind und sofort brechen, wenn man sie biegt. Beim Einkauf ist ein Test von Vorteil: Ritzen Sie mit dem Fingernagel in die Schnittstellen, es sollte ein wenig Saft austreten. Die Enden dürfen nicht holzig oder fransig sein. Die Köpfe sollten beim grünen leicht geöffnet sein, im Gegensatz zum weißen Spargel, wo sie als Frischekriterium geschlossen sein müssen. In einem feuchten Tuch im Kühlschrank hält er sich gut 2–3 Tage lang. Da der Grüne nicht wie seine weißen Artgenossen in Hügelbeeten unter der Erde, sondern ohne Abdeckung gezogen wird, bekommt er durch die ständige Lichteinwirkung seine satte grüne Farbe. Geschmacklich ist er würziger und herzhafter und dabei besonders zart. Er hat wie sein weißer Bruder ebenfalls wunderbare Heilkräfte, aber mehr Vitamine, wirkt harntreibend, ausschwemmend, gegen Rheuma und Gicht. Und dieses Liliengewächs gilt als „Minuskalorienessen", hat doch 1 kg nur 200 kcal! Schon vor 5000 Jahren wurde Spargel in China gegen Husten verordnet. Auch die Ägypter, Griechen und Römer schätzten ihn als Heilmittel und Gaumenfreude. Rund um das Mittelmeer wurde er ursprünglich als Arzneipflanze gezogen und fand erst im Mittelalter den Weg in unsere Breiten. Und auch andere gute Wirkung sagt man ihm seit dem 16. Jahrhundert nach: „Spargel in der Speis genossen, bringt lustige Begierde bei den Männern ..."

Eine echte Spezialität ist der wilde Spargel, der auch grün, aber wesentlich dünner und länger ist. In Norditalien ist er im Frühjahr ein Objekt der Begierde, das freilich seinen Preis hat. Er kostet ein Vielfaches des „normalen" grünen Spargels.

CP

1,5 kg dünner grüner Spargel
250 g Cocktailtomaten
Olivenöl
Salz & Pfeffer
Parmesan

Falls nötig, die trockenen Enden des Spargels abschneiden. Spargel mit Olivenöl bissfest braten. Falls die Stangen etwas dicker sind, kann man sie vorher der Länge nach halbieren. Die Tomaten halbieren und ganz kurz anbraten. Anrichten, nochmals mit frischem Olivenöl begießen, Parmesan darüberreiben.

ROTE RÜBENSCHNITZEL

Das „Sonntagsschnitzerl" einmal anders! Es schmeckt wunderbar nussig. Werden die Rüben selbst gekocht, sollten die Früchte unbeschädigt sein, damit beim Kochen die wertvollen Stoffe erhalten bleiben. Die Rote Rübe, auch Rande oder Bete genannt, ist eine vielseitige Knolle. Lange Zeit stiefmütterlich behandelt, ist sie aus einem Dornröschenschlaf erwacht. Dank des besonders hohen Gesundheitsfaktors kommt sie nun zu neuen Ehren. Als Saft gepresst gilt die rote Rübe auch als gutes Anti-Grippe- und Fiebermittel.

Der Bratvorgang dauert nur 2–3 Minuten, bis die Brösel schön kross sind und eine leichte Bräune annehmen. Die Reste der Rüben kann man zu einem Aufstrich pürieren oder als Salat verwenden.

CP

2 große rote Rüben
(fertig vorgekocht aus dem Supermarkt)

Panier:
Mehl
2 Eier
geriebene Kürbiskerne
Salz & Pfeffer
Erdnussöl
Kürbiskernöl

Dip:
1/4 l Sauerrahm
3 EL Kürbiskernöl
Saft einer Zitrone
Salz & Pfeffer

Aus den Mitten der Rüben 8 Scheiben schneiden (ca. 1 cm dick). Eier mit einer Gabel verschlagen und salzen. Die Rüben beidseitig in Mehl wenden, durch die Eier ziehen und in den Kürbisbröseln wenden. Erdnussöl und Kernöl im Verhältnis 1:1 mischen und in einer Pfanne erhitzen, die Schnitzel einlegen und unter mehrmaligem Wenden knusprig braten.

Sauerrahm mit Kernöl und Zitronensaft verrühren, salzen und pfeffern.

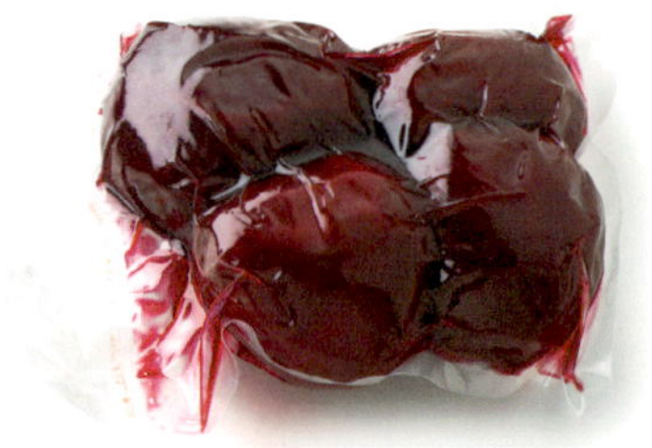

ARTISCHOCKEN MIT KORIANDER-CHILI-VINAIGRETTE

4 Stück Artischocken
2 Limetten
Essig
Olivenöl
2 Chilischoten
1 Bund frischer Koriander
Salz
Pfeffer

Die Artischocken kalt abwaschen, die Blattspitzen mit einem scharfen Messer abschneiden. Limetten in dünne Scheiben schneiden und mit einem Küchengarn auf das Gemüse binden. Einen Topf mit Wasser erhitzen, einen guten Schuss Essig beifügen und die Artischocken 30 Minuten kochen. Die Blätter müssen sich leicht herauszupfen lassen, dann sind sie fertig.

Für die Sauce die Chilischoten aufschneiden und klein hacken, die Kerne vorher entfernen. Den Koriander ebenfalls klein schneiden und mit Olivenöl, Salz, Pfeffer und Chili vermischen.

Die Artischocken immer mit Stiel kaufen, das sind die Wasserspeicher. Die Blätter müssen fest geschlossen sein und dürfen keine aufgebogenen Spitzen haben. Die Knospe soll sich fest und prall anfühlen. Die Farbpalette reicht von grün über violett bis rot und braun. Die ganz kleinen, jungen Artischocken sind wesentlich zarter und geschmackvoller und können im Ganzen gegessen werden. Falls man Artischocken zuhause noch lagert, immer die Stiele als Feuchtigkeitsspender daran lassen.

Diese Distelblüten sind ein wahres Lebenselexier und liefern dem Körper viel Gutes. Sie beinhalten Kalium, Kalzium, Eisen, Magnesium und Phosphor, die Vitamine C, E, B und A. Der Inhaltsstoff Cynarin, aus dem auch der Likörwein Cynar hergestellt wird, erneuert die Leberzellen und fördert die Fettverdauung, senkt das Cholesterin und reinigt das Blut. Artischocken waren bereits im alten Ägypten als Heil- und Diätpflanze bekannt.

Beim Essen Blatt für Blatt abzupfen, in die Sauce tauchen und den fleischigen Teil am Blattansatz auslutschen. Am Ende, nach dem Entfernen des strohigen Nests, kommt das zarte Artischockenherz zum Vorschein, die wahre Delikatesse!

CP

FALSCHE FISCHE

Dieses Rezept ist eines der schnellsten dieses Buches und stammt aus dem mediterranen Raum. In Italien wie auch in Griechenland ist es eine beliebte Methode, Kräuter oder fein geschnittene Gemüse in dieser Art gebacken zum Aperitif zu essen. Zu einem leichten Drink bildet das Gericht einen appetitanregenden Einstieg. Es ist auch ein feiner, kleiner Imbiss im Sommer und passt sehr schön zu kalten Buffets. Die geschmackliche Palette kann man mit Basilikumblättern erweitern, dabei lässt man die Blätter am Stiel. Oder hauchdünn geschnittene unbehandelte Zitronenscheiben backen, das kommt sehr erfrischend. Absolute Geschmacksintensität erreicht diese Speise, wenn man sie warm isst, das Aroma entfaltet sich dabei am besten.

Die Sauce ist eine Anlehnung an die klassische Sauce Tatar, sie kann mit feingehackten Kapern und Oliven variiert werden.

CP

40 große Salbeiblätter
Erdnuss- oder Olivenöl

für den Teig:
1 Ei
5 EL Mehl
1/4 l Weißwein
Salz

für die Sauce:
1/4 l Sauerrahm
2 TL Dijonsenf
1 Bund Schnittlauch
Salz

Aus Ei, Mehl, Salz und Wein einen sehr flüssigen Teig mischen, ein wenig rasten lassen. In einer Pfanne Öl erhitzen, die Salbeiblätter waschen, trocken tupfen, kurz durch den Teig ziehen und im Fett herausbacken, mehrmals wenden, bis sie eine schöne goldene Farbe erhalten. Vor dem Anrichten das Fett kurz auf einem Küchenpapier abtropfen lassen.
Aus dem Rahm, Senf, Salz und dem Schnittlauch eine Sauce abmischen.

GEMÜSESTREIFEN IN PROSECCO

3 Karotten
3 Zucchini
300 g Zuckererbsenschoten
1 Handvoll Pinienkerne
Olivenöl
etwas Grünalge (Meeressalat)
1/2 Flasche Prosecco
Salz
Pfeffer

Gemüsestreifen in Prosecco sind ein Gericht, das sowohl als Beilage zu Fleisch, Fisch oder Nudeln sehr gut passt, als auch pur als Vorspeise gut funktioniert. Durch die Karotten bekommt diese Speise einen süßlichen Geschmack, der Prosecco gibt dem Ganzen einen spritzigen Effekt. Die Pinienkerne bringen einen Hauch von Wald, die Algen eine gewisse Meeresbrise. Im Sommer schmeckt diese leichte, kalorienarme Speise auch als kalter Salat sehr fein.

Zucchini werden in einer grünen und einer gelben Variante angeboten, innen sind sie allerdings immer gleich hell. Sie gehören zu den Kürbissen und schmecken in einer Größe von 10–20 cm am besten. Die Gemüsestreifen beim Dünsten vorsichtig umrühren, damit sie nicht zerfallen. Die Zubereitung geht sehr schnell und einfach.

Die Algen bekommt man in getrocknetem Zustand, viele verschiedene Sorten aus dem Unterwasserbeet werden angeboten. Köstlich schmecken sie auch in Suppen. Ihr Gesundheitswert ist enorm, sie sind ein wahrer Jungbrunnen für den ganzen Körper, da sie sehr viele Mineralien und Vitamine enthalten.

CP

Die Algen in lauwarmem Wasser einweichen.

Karotten und Zucchini schälen. Mit einem Gemüseschäler der Länge nach in feine Streifen schneiden. Olivenöl erhitzen, die Streifen nur kurz andünsten, mit Prosecco aufgießen, Deckel darauf geben und 5 Minuten bei kleiner Hitze weiterschmurgeln lassen. Dann die Zuckerschoten dazugeben und für weitere 3 Minuten mitdünsten.

Währenddessen in einer kleinen Pfanne die Pinienkerne ohne Fett vorsichtig rösten, bis sie eine goldbraune Farbe haben. Am Ende alles zusammenmischen.

GRATINIERTER KÜRBIS

Der weiße Patisson-Kürbis, wegen der gezackten Untertassenform auch UFO-Kürbis genannt, ist im Geschmack zucchini-ähnlich. Durch das Braten wird das Kürbisfleisch so weich, dass man es auslöffeln kann.

In meiner Jugend galt der Kürbis ja ein bisschen als „Arme-Leute-Essen". Seit einigen Jahren hält er aber wieder Einzug in unsere Küchen. Sehr gut schmecken auch der japanische Hokkaidokürbis mit seinem orangen Fleisch, der Spagettikürbis, der ein nudelartiges Fruchtfleisch hat, die Butternuss oder der Türken-Turban, um nur einige zu nennen.

Kürbisse stärken das Immunsystem, fördern die Verdauung und sind entzündungshemmend. Sie enthalten reichlich Vitamin A, C, D und E sowie Kalzium, Kalium und Zink. Da sie bis zu 95 Prozent Wasser enthalten, sind sie wunderbar für Diäten geeignet.

CP

2 Kürbisse (Patisson)
5 Knoblauchzehen
1 Bund Petersilie
Olivenöl
Salz
Pfeffer
250 g Datteln
1/4 l Rotwein

Den Kürbis in der Mitte aufschneiden, die Kerne entfernen. Knoblauch und Petersilie fein schneiden, mit Olivenöl, Salz und Pfeffer vermischen und in die Aushöhlung einfüllen. Die Kürbisse nochmals mit reichlich Olivenöl begießen und im Rohr bei 200 Grad 20 Minuten braten, bis das Fruchtfleisch weich ist.
Datteln entkernen (gibt es im Supermarkt bereits entkernt zu kaufen) und klein hacken. Mit Rotwein 10 Minuten kochen lassen, pfeffern, anschließend in einer Küchenmaschine fein pürieren.

CURRY-INGWER-ERDÄPFELGULASCH

1 1/2 kg festkochende Erdäpfel
3/4 l Wasser
1 Bund Jungzwiebel
ca. 3 EL Currypulver
1 fingergroßes Stück Ingwer
1/4 l Sauerrahm
geschmacksneutrales Öl
Salz & Pfeffer

Die Erdäpfel schälen und in ca. 2 cm große Würfel schneiden. Den gewaschenen Jungzwiebel samt grünen Teilen klein schneiden und beides 5 Minuten in etwas Öl andünsten. Salzen und pfeffern, Currypulver dazugeben und mit Wasser aufgießen, 25 Minuten auf kleiner Hitze kochen, öfter umrühren. Fein geriebenen Ingwer und Sauerrahm dazugeben und nochmals 5 Minuten miteinander weiterschmurgeln.

Entstanden ist dieses Gericht durch Zufall. In einer Phase, in der bei mir überall der Ingwer mitspielen musste, war es klar, auch ins Erdäpfelgulasch passt er sicher gut. Da die Farbe aber durch das Weglassen von Rosenpaprika irgendwie sehr zu wünschen übrig ließ, bot sich der sonnige Curry an und krönte auch geschmacklich diese Speise, die im Grunde ein adaptiertes Erdäpfelgulasch mit orientalischen Gewürzen ist. Heute sagt man „Fusionsküche" dazu, wenn einheimische Gerichte mit exotischen Zutaten verändert werden.

Diese Speise ist ein wärmendes Gericht, der Ingwer ist ja ein guter „Heißmacher", also gut für kalte Tage. Mittlerweile ist dieses Curry einer der Klassiker im Freundeskreis. Es ist immer gut, gleich die doppelte Menge zuzubereiten, da meistens mehr davon gegessen wird. Und aufgewärmt am nächsten Tag ist es wie jedes Gulasch noch besser. Dann muss man es nur noch mit ein wenig Flüssigkeit wieder geschmeidig machen, bis es die richtige Konsistenz hat.

CP

KÜRBISPESTO AUF KARTOFFELN

Ursprünglich stammt die Kartoffel aus den Anden. Dort lernten im 16. Jahrhundert spanische Gelehrte, die die Raub- und Eroberungszüge ihrer Landsleute begleiteten, die Knolle kennen und brachten sie mit nach Europa. Trotzdem wurde sie lange nur wegen ihrer schönen Blüten und später als Tierfutter für Schweine angebaut. Die Erdäpfel, wie sie bei uns eigentlich heißen, tauchten in Österreich vermutlich erst um 1620 in einem Garten des Benediktinerklosters Seitenstetten in Niederösterreich auf. Es dauerte allerdings noch einmal etwa 150 Jahre, bis die wirtschaftliche Bedeutung der Knolle erkannt und diese fixer Bestandteil der täglichen Ernährung wurde.

Vor allem in den Schalen der Kartoffel stecken mehr Vitamine als in manchen Äpfeln! Ihr Kaliumanteil übertrifft sogar den der Banane. Wesentlich ist auch der große Vitamin-C-Gehalt, der selbst nach 3 Monaten Lagerung noch extrem hoch ist. Völlig zu Unrecht wurden sie oft als Dickmacher betrachtet.

Die lichtscheuen Geschöpfe sollten trocken und dunkel gelagert werden. Bei Tageslicht bekommen sie giftige grüne Stellen und treiben aus. Kartoffeln aus biologisch kontrolliertem Anbau sind mittlerweile fast überall erhältlich.

CP

12 Bioerdäpfel in der Schale
1/8 l Kernöl
5 EL grob geriebene Kürbiskerne
Salz & Pfeffer

Die Erdäpfel waschen und in der Schale weich kochen. Die obere Kante abschneiden, damit eine Basisfläche für das Kürbispesto entsteht. Aus dem Kernöl, den geriebenen Kürbiskernen, Salz und Pfeffer eine Paste herstellen und auf die Erdäpfel geben.

Zur besseren Standfestigkeit ist es von Vorteil, die Erdäpfel an der unteren Seite ein wenig abzuschneiden.

süss

FEIGE MIT SCHLAMPENCREME

Der Feigenbaum gehört zu den ältesten Kulturpflanzen der Menschheit. Es ist durchaus möglich, dass eben die Feige und nicht der Apfel am Baum der Erkenntnis wuchs. In der Antike galt sie als Symbol für Rausch und Lebensfreude. Sie zählt zu den aphrodisierenden Lebensmitteln. Dazu gehört auch die Schokolade. Beide zusammen schmecken wirklich berauschend gut.

Bei den Mengenangaben der Creme bleibt es jedem selbst überlassen, wie hell oder dunkel er das Ergebnis möchte. In unserem Freundeskreis macht sie wegen der fast unverschämt einfachen Herstellung und dem geilen Ergebnis Furore und hat einen speziellen Namen: „Die Schlampencreme"!

Beim Einkauf ist darauf zu achten, dass die Feigen eine schöne, gelbgrüne oder violette Farbe haben. Erstere kommen aus Italien, die violetten aus der Türkei. Reife Früchte fühlen sich fest und dennoch ein bisschen weich an. Falls sie im Kühlschrank gelagert werden, sollen sie vor der Zubereitung Zimmertemperatur erreichen, damit sie ihr volles süßes Aroma entfalten können.

Man kann sie auch heiß zubereiten: Die eingeschnittenen Feigen 10 Minuten in ca. 1/2 l gutem Rotwein mit 3 EL braunem Rohrzucker, einigen Nelken und einer Zimtstange kochen und noch heiß mit der Schokoladencreme füllen. Die Feigen gemeinsam mit der Weinsauce anrichten.

CP

8 reife Feigen
8 EL Mascarpone
8 EL Haselnusscreme (z. B. Nutella)
geriebene Schale einer unbehandelten Zitrone oder Limette

Die Feigen kurz waschen, trocknen und die oberste Spitze abschneiden. Die Frucht mit zwei gekreuzten Schnitten bis zu 2/3 einschneiden und etwas auseinander drücken. 8 EL Mascarpone und 8 EL Haselnusscreme miteinander verrühren, mit den geriebenen Schalen der Zitrone oder Limette mischen und in die Feigen einfüllen.

JOGURT ORANGE

1/2 l türkisches oder griechisches Jogurt (10 % Fett)
2–3 Orangen
Kristallzucker
1 EL Orangenlikör (z. B. Cointreau)
1 Limette

Orangensaft pressen, mit Orangenlikör und Zucker nach Belieben abschmecken.

10-prozentiges Jogurt mit einem Esslöffel vorsichtig ausstechen und auf die vorbereiteten Teller geben.

Die Limettenschale mit einer feinen Reibe abreiben und zusammen mit etwas Kristallzucker darüber geben.

Seit mehr als 30 Jahren wird die Welt mit einer Anti-Fettkampagne gequält. In den USA hat sich die Angst – speziell vor tierischen Fetten – zu einer regelrechten Massenparanoia entwickelt. Selbst auf Mineralwasserflaschen findet sich der Hinweis, dass der Inhalt frei von Fett und Cholesterin sei. Die Lebensmittelindustrie hat in den letzten Jahrzehnten ihre Werbekampagnen erfolgreich auf Angst und schlechtes Gewissen aufgebaut und tausende neue – angeblich gesunde – Produkte auf den Markt gebracht, die vor allem eines sind: fettfrei!

Die Studien, die die angeblich gefährliche Wirkung von tierischen Fetten aufzeigen, sind in der Zwischenzeit längst relativiert oder ganz widerlegt, doch die Industrie bleibt stur und die Ängste der Konsumenten sitzen offenbar tief. Gerade bei Milchprodukten ist der Markt von sogenannten Light-Produkten überschwemmt: Magerkäse, Magermilch und Jogurt mit nur 0,1 % Fett, labbrig, dünn und traurig!

Unsere Antwort auf die Cholesterin-Lobby heißt: 10-prozentiges Jogurt! Das bekommen Sie manchmal im Supermarkt als „griechisches Jogurt“ oder – wesentlich preisgünstiger – in türkischen Lebensmittelläden, wo es meistens in 1 Liter-Bechern angeboten wird. Man kann hochprozentiges Jogurt auch ganz leicht selbst herstellen: Einfach das normale heimische Produkt (3,6 %) in einen Kaffeefilter geben und einige Minuten warten. Die Molke läuft durch und im Filter bleibt das schöne, dicke Jogurt.

Weil es manchmal schwierig ist, Zitronen mit unbehandelter Schale zu finden, verwenden wir hier die geriebene Schale einer Limette. Die sind immer unbehandelt, weil sie hauptsächlich für Cocktails verwendet werden. Spritzgifte würden sich da nicht so gut machen!

ML

MARONICREME

Maroni oder Edelkastanien stammen ursprünglich aus Kleinasien und waren schon im Altertum in ganz Europa verbreitet. Aus der Esskastanie wurde früher wegen ihres hohen Stärkegehaltes auch Brot hergestellt. Sie war vor der Kartoffel das Hauptnahrungsmittel und galt oft als „Brot des kleinen Mannes".

Sie liefert viel Vitamin B und Phosphor und wirkt sehr beruhigend auf das Nervensystem. Vor dem Schlafengehen genossen sind Maroni eine gute Einschlafhilfe. In der Herbst- und Winterzeit werden die Früchte von Maronibratern auf der Straße angeboten und sind eine wärmende und beliebte Stärkung. In Ungarn ist Maronicreme zur kalten Jahreszeit unverzichtbar. In den Mittelmeerländern werden Maroni gerne zu Wein gereicht. Sie passen auch sehr gut als Beilage statt Kartoffeln oder als Fülle für Geflügelgerichte.

Beim Einkauf ist darauf zu achten, dass sich der Körper voll und schwer anfühlt, die Schalen glänzen und das Fruchtfleisch weiß und hart ist. Leider sind sie wurmanfällig. Ein einfacher Test schafft Klarheit: Die Früchte in Wasser legen, diejenigen, die zu Boden sinken, sind in Ordnung, die aufsteigenden sind wurmig. Wenn man Maronicreme selbst herstellt, empfehle ich folgende Methode: Die Früchte kreuzweise an der gewölbten Seite anschneiden und auf einem Blech bei 220 Grad im Rohr rösten. Das Anschneiden ist wichtig, da die Kastanien sonst im Ofen explodieren würden. Aus der Schale lösen, mit Schlagobers aufkochen und pürieren.

CP

250 g pürierte Maroni (tiefgekühlt)
1/8 l Schlagobers
3 EL Staubzucker
3 EL Rum
Biskotten
Marons Glacées (Süßwarengeschäft)

Die Maronimasse mit Staubzucker und Rum mit dem Handmixer unter schluckweiser Zugabe von Schlagobers zu einer knetbaren Masse verrühren. Mit den Händen kleine Törtchen formen, mit halbierten Biskotten einen Zaun bilden und eine halbierte Maron Glacé aufsetzen. Wer mag, kann die Biskotten sehr kurz in Rum tauchen.

Pürierte Maroni bekommt man tiefgefroren im Supermarkt auch unter der Bezeichnung „Maronireis".

BAISERS MIT PREISELBEERSCHLAG

8 Baiser-Hälften
1/4 l Schlagobers
3 EL Preiselbeermarmelade
Staubzucker

Schlagobers steif schlagen, leicht zuckern und mit den Preiselbeeren vermischen. Eventuell nachzuckern. Den Schlag kalt stellen und erst kurz vor dem Servieren einfüllen.

Meistens kommt Windbäckerei nur zur Weihnachtszeit zu Ehren. Da hängt sie in den verschiedensten Formen auf dem Christbaum. Als „Windringerl“ in zarten Pastelltönen oder als „Engerl“ zieren sie die festlichen Bäume. Sonntag Nachmittag zum Tee gab es dann, wenn Mutters feinste Weihnachtsbäckerei von Familie und Feiertagsbesuchen endgültig vernascht war, diese leichten Zerbrechlichkeiten. Wie schon der französische Name „baiser“ (Kuss) sagt, schmecken diese zarten Schalen, die ja nur aus Eiweiß und Zucker bestehen, wie ein sanfter Kuss. Auch als Tortenschmuck existiert der süße Schneeschaum. Da gibt es Elefanten, Schaukelpferde, Löwen und anderes kunstreich verziertes Getier, das nicht nur Kinderherzen erfreut. Heute noch führen gute klassische Konditoreien mit Traditionsbewusstsein Baisers.

Wer beim Einkauf nicht fündig wird, diesen weißen Hauch aber trotzdem kredenzen möchte, kann Baisers auch selbst herstellen: Eiweiß wird mit einer Prise Salz steif geschlagen, dabei nach und nach Staubzucker dazugegeben (je Ei etwa 50 g). Ist die Masse fest, wird sie mit einem Spritzbeutel spiralförmig auf ein mit Backpapier ausgelegtes Backblech gespritzt und bei 90 Grad etwa 2 Stunden lang getrocknet. Backrohr immer wieder öffnen, um die Feuchtigkeit entweichen zu lassen.

CP

PALATSCHINKEN

Für 8 mittelgroße Palatschinken:
100 g Mehl
1/4 l Milch
2 Eier
1 Dotter
Salz
Butter

200 g Kochschokolade
1/4 l Schlagobers

Nussfülle:
150 g geriebene Walnüsse
1/4 l Milch
1 EL Honig
3 EL Zucker
1 EL Vanillezucker
2 EL Rum
Zimt
geriebene Schale einer Zitrone

Die Geschichte der Palatschinke beginnt bereits bei den Römern. Dort hieß sie „placenta", das Wort für Kuchen. Die Ungarn, bei denen diese Teigscheiben ein Nationalgericht darstellen, übernahmen den Namen als „palacsinta", gaben ihn an ihre slawischen Nachbarn weiter, die sie „palacinka" nennen, von denen wiederum die Österreicher zu ihrer Namensgebung kamen. Die österreichische Küche führt die Bezeichnung erst seit dem 19. Jahrhundert in den Kochbüchern, davor wurden sie Eierkuchen genannt.

Füllungen für die wunderbaren „Pfannkuchen" gibt es unzählige. Von der Lieblingsmarmelade, über Eis als kühle Überraschung, bis hin zur klassischen Wiener Topfenfülle bleibt da kein Wunsch offen. Auch sehr delikat ist es, wenn man sie pikant mit Kräutern der Wiese wie z.B. Kerbel, Sauerampfer, Bärlauch oder Löwenzahn serviert. Und sollten einmal zu viele Palatschinken angefertigt worden sein, sind sie als „Fritatten" in der Suppe eine feine Sache.

CP

Rohr auf 150 Grad vorheizen. Mehl mit Milch, Eiern und Dotter und einer Prise Salz mit einem Schneebesen zu einem dickflüssigen, glatten Teig verrühren. Ersetzt man die Hälfte der Milch durch Schlagobers und gibt 1 oder 2 Eier zusätzlich dazu, wird die Konsistenz noch feiner. Möchte man einen besonders dünnen Teig erhalten, gibt man dementsprechend mehr Milch dazu.

Für jede Palatschinke in einer Pfanne ein kleines Stück Butter erhitzen und nur soviel Teig einfließen lassen, dass der Boden der Pfanne gleichmäßig dünn bedeckt ist. Eine Seite hellbraun backen, dann wenden und die zweite Seite ebenfalls backen, bis sie Farbe annimmt. Die fertigen Palatschinken auf einen Teller schichten und im Rohr warm stellen.

Für die Fülle Milch mit Honig und Zucker aufkochen, alle anderen Zutaten beifügen, kochen lassen, bis die Mischung zu quellen beginnt. Palatschinken mit heißer Nusssauce füllen, zusammenschlagen oder rollen.

Schlagobers aufkochen, die Schokolade in kleinen Stücken unter ständigem Rühren schmelzen, einmal aufkochen lassen und über die Palatschinken gießen.

NASHI IN ROTWEINSAUCE

Die Nashifrucht ist das Ergebnis einer perfekten Ehe aus Apfel und Birne. Sie gehört zwar eindeutig zu den Birnen, erinnert in Geschmack und Form aber an den Apfel. Deshalb wird sie auch „Apfelbirne" oder, da sie aus China kommt, „Asienbirne" genannt. Sie hat eine gelbliche, relativ harte Schale und ein helles, goldfarbenes, extrem saftiges Fruchtfleisch. Knackig wie ein Apfel und prickelnd wie Champagner schmeckt sie herrlich erfrischend und süßlich. Bei uns ist sie in den späten Achtzigerjahren am Markt erschienen. Auch als Kompott oder wie ein Bratapfel gefüllt ist sie eine wahre Geschmacksbereicherung.

In Spanien und Frankreich wird dieses Dessert mit heimischen Birnensorten zubereitet und hat einen sensationellen Effekt. Aus eigener Erfahrung können wir behaupten, dass dieses Dessert nach einem üppigen Menü genossen wahre Wunder bewirkt: Das Gefühl, jeden Augenblick zu zerplatzen, verschwindet sofort. Man könnte theoretisch wieder von vorne anfangen.

CP

4 Nashifrüchte
0,75 l guter Rotwein
5 Gewürznelken
5 EL Rohrzucker oder Honig
1 Zimtstange

Rotwein mit Zucker, Nelken und der Zimtstange erhitzen, die geschälten Früchte dazugeben und bei kleiner Hitze köcheln. Die Nashis müssen immer mit der Weinmischung bedeckt sein und werden so lange gekocht, bis sie eine tiefrote Farbe bekommen und weich genug sind (etwa 45 min). Die Früchte herausnehmen und die restliche Flüssigkeit einreduzieren, bis sich eine sirupartige Sauce bildet. Durch ein Sieb gießen und die halbierten Nashis auf dem Weinspiegel anrichten. Kalt servieren.

TOPFENNOCKERL MIT KARAMELBIRNEN

500 g Topfen (20 %)
2 Eier
4 EL Grieß
4 EL Mehl
geriebene Schale einer unbehandelten Zitrone
Zucker
Salz

4 süße Birnen
Butter
Zucker
3 Nelken
Zimt gemahlen
Honig
geriebene Schale und Saft einer unbehandelten Orange

Butter zum Übergießen

Die Birne ist ein uralter Kulturbegleiter, schon Homer besang die „balsamischen" Birnen. Die Römer brachten sie dann auch in unsere Breiten. Der Birnbaum zählte zu den wichtigsten Schutzbäumen unserer Bauernhöfe. Birnbaumzweige über dem Stalltor sollten Hexen verjagen und bei jeder Ernte werden bis heute einige der schönsten Früchte auf dem Zweig gelassen, um die Baumgeister bei Laune zu halten.

Die Birne ist die Rose unter den Früchten. Egal, ob Mostbirne, Tafelbirne, vergessene oder gepflegte Sorten, regional oder weltweit verbreitet, berühmt oder eher weniger bekannt, alle sind getauft und tragen wie die Rosen oft den Namen einer anbetungswürdigen Frau. Darunter finden sich so klingende Namen wie „Alexandrine Douillard" oder „Louise-Bonne d'Avranches", die wir als „Gute Luise" kennen und die zu den beliebtesten zählt.

Die Birne ist eine süße Heilpflanze. Für säureempfindliche Menschen ist sie sehr bekömmlich, ihre Gerbsäuren wirken sich günstig auf den Magen-Darmbereich aus. Mit ihrem Kaliumüberschuss entwässert sie und hilft gegen hohen Blutdruck. Zum Abschluss eines bekömmlichen Mahles als Williamsbrand genossen, stärkt sie die Lebensgeister.

CP

Topfen, Eier, Grieß und Mehl zu einer Masse verrühren, mit der Zitronenschale, Zucker und einer Prise Salz würzen und eine halbe Stunde rasten lassen.

Die Birnen schälen, vierteln, das Kerngehäuse entfernen und die Birnenstücke in dünne Scheiben schneiden. In einer Pfanne Butter mit Zucker leicht karamelisieren, die Birnen sowie Nelken und ein bisschen Zimt dazugeben und alles 10 min dünsten. Am Ende mit Honig, geriebener Orangenschale und Saft abschmecken.

Wasser aufkochen, dann nur leicht sieden lassen, aus der Topfenmasse mit einem Esslöffel Nockerl ausstechen. Den Löffel immer wieder in warmes Wasser tauchen, damit sich die Nockerl gut lösen. Das Wasser darf nicht kochen, nur leicht sieden, da sonst die Masse zerfällt.

Mit Deckel 15 min köcheln, dann die Hitze abdrehen und noch weitere 5 min im Wasser ziehen lassen. Die Topfennockerl auf der warmen Birnensauce anrichten und mit gebräunter Butter übergießen.

Die Nockerl werden durch den Grieß besonders flauschig. Sollten Sie keinen Grieß zuhause haben, kann man auch Brösel beifügen. Durch das Nachziehen im Wasser geht die Masse noch mehr auf und man erhält richtig schöne, große Exemplare.

GEBRATENE BANANE AUF ORANGEN

Warum ist die Banane krumm? Durch ihre Form wird die Banane auch „Krummfrucht" genannt. Es liegt einfach daran, dass sich die Bananenfinger der Sonne entgegenkrümmen. Die Frucht ist ein rascher Energielieferant und durch ihre perfekte Verpackung so herrlich praktisch! Dazu hat sie große Mengen Kohlenhydrate, die Kraft für das Gehirn und den Körper bringen. Mineralstoffe wie Kalium und Magnesium sind gut für Herz und Muskeln. Grüne, unreife Exemplare können Bauchschmerzen verursachen, da sie einen hohen Zelluloseanteil haben, der vom Darm nicht umgewandelt werden kann.

In Europa wird die Obstbanane mit ihrem süßen Geschmack am häufigsten verwendet. In den vorwiegend afrikanischen Ursprungsländern ist die Gemüsebanane, auch Koch- oder Mehlbanane genannt, die wichtigste Nahrungsquelle. Diese ist jedoch nur gekocht essbar und kaum süß.

Beim Einkauf kann man entscheiden, ob man bereits reife, süße Früchte nimmt, die bald verbraucht werden müssen, oder etwas unreifere, grüne, die noch einige Zeit nachreifen können. Achtung! Liegen Äpfel oder Tomaten in unmittelbarer Umgebung, wird der Reifungsprozess der Bananen beschleunigt.

CP

2 große Bananen
3 süße Orangen
Zucker
Honig
Butter
Orangenlikör (Cointreaux)

Die Bananen der Länge nach halbieren. In einer Pfanne Butter mit Zucker karamelisieren und die Bananenhälften bei mittlerer Hitze darin vorsichtig auf beiden Seiten braten, bis die Früchte weich sind, aber dennoch eine kompakte Konsistenz haben. Mit Honig nachsüßen.

Die Orangen schälen, in Scheiben schneiden und ebenfalls in Butter braten. Am besten in einer zweiten Pfanne, damit die Bananen unverletzt bis zum Anrichten warm rasten. Wenn die Orangenscheiben heiß sind, mit Cointreaux ablöschen, eventuell noch Honig dazu geben.

SCHAFKÄSE MIT HOLLERCREME

4 Schaffrischkäse (im Becher)
1/2 kg Hollerbeeren
ca. 1/4 l Wasser
100 g Rohrzucker (Dermerana)
3 Gewürznelken
Saft einer Zitrone
1/8 l Schlagobers

Hollerbeeren abzupfen, im Wasser mit Zucker, Nelken und Zitronensaft eine halbe Stunde köcheln lassen, bis alles auf die Hälfte der Flüssigkeit einreduziert ist. Durch ein Sieb streichen, mit Obers verrühren und die „Käsegupferln“ mit der Hollersauce begießen.

Alljährlich fällt in den Monaten Juni und Juli – nicht nur in ländlichen Regionen – jener charakteristische Duft auf, den blühender Hollunder verströmt. Er kommt so häufig in der Landschaft vor, dass man ihn kaum wahrnimmt. Die schwarzen Beeren mit ihrem hohen Vitamin-A- und -C-Gehalt wirken gut bei Infekten und unterstützen die Bildung von Immunzellen. Der Volksmund sagt, dass vor jedem „Hollerbaum“ der Hut zu lüften sei, so wertvoll sei er für den Menschen. Seit der Steinzeit nutzte man den Strauch: Funde aus Pfahlbauten beweisen, dass die Pflanze schon in prähistorischer Zeit als Nahrungs- und Färbemittel verwendet wurde.

Tatsächlich sind alle Teile dieses Gewächses nützlich: Blätter, Blüten, Früchte, Rinde und Wurzel. Am besten legt man sich einen Vorrat an: Die Beeren werden als Saft oder Marmelade eingekocht und können das ganze Jahr über gut verwendet werden. Die Blüten sind, als Saft angesetzt und gemischt mit Sodawasser oder Sekt, ein erfrischendes Sommergetränk und schmecken als „Hollerstrauben“ durch einen Backteig gezogen und im Fett herausgebraten sehr fein.

CP

BESCHAFFUNG DER ZUTATEN

SUPERMARKT

Seit Jahrzehnten schon haben die großen Supermarktketten eine überwältigende Marktdominanz. Wurde in den Achtzigerjahren noch das „Greißlersterben“, der Verlust der Nahversorgung gleich um die Ecke beklagt, so ist diese heute praktisch schon ausgestorben. Obst- und Gemüsehändler findet man in unseren Breiten so gut wie gar nicht mehr, selbst Fleischhauereien sind sehr selten geworden und gerade in ländlichen Gegenden gibt es kaum noch Alternativen zum Supermarkt, der meist außerhalb des Ortes auf billigem Baugrund steht und ohne Auto nicht erreichbar ist. Alte und immobile Menschen sind dadurch natürlich mit wachsenden Problemen bei der Beschaffung von Nahrungsmitteln konfrontiert. Die alten Zentren der Dörfer und Städte, in denen seit Jahrhunderten die Märkte und Geschäfte konzentriert waren, sterben aus. Trotzdem macht es wenig Sinn, den alten Zeiten nachzutrauern. Auch wird die Erinnerung an die idyllischen Zeiten der „guten alten Greißlerei“ oft maßlos idealisiert. Es gab oft ewig lange Wartezeiten, man konnte die Qualität der Ware nicht begutachten und die Angebotsvielfalt war gegenüber der heutigen wesentlich geringer. Es lässt sich darüber streiten, ob man tatsächlich 100 verschiedene Softdrinks, Tiefkühlpizzas und Wellness-Wässerchen braucht, aber auch bei klassischen Warensegmenten wie Gemüse, Käse oder Brot ist die Vielfalt heute größer als damals.

Das Angebot der Supermarktketten richtet sich strikt nach der Nachfrage der Konsumenten. Was in zu geringen Stückzahlen verkauft wird, fliegt raus. In den verschiedenen Regionen Europas spiegelt das Angebot die Ernährungskultur der Bevölkerung wider: Während in Italien, Frankreich und Spanien die Gemüse- und Fischabteilungen geradezu überborden vor Vielfalt und jeder Käse in verschiedenen Reifestadien angeboten wird, schaut es in den deutschsprachigen Ländern vergleichsweise traurig aus. Hier zählt vor allem der billige Preis. Qualität und Sortenvielfalt sind nicht so gefragt. Somit ist das oft dürftige Angebot nicht so sehr die Schuld der Supermarktketten, sondern auf die Tatsache zurückzuführen, dass die Menschen hierzulande in den letzten Jahrzehnten weniger Ahnung vom Kochen und gutem Essen hatten, als in den mediterranen Ländern (erst in den letzten Jahren ist auch bei uns eine Trendwende erkennbar). Wenn es zuvor einmal eine bessere Angebotsvielfalt gab, so lag das nicht an den „guten“ Händlern, sondern am höheren kulinarischen Wissen der Menschen. In Wien war das im 19. Jahrhundert bis fast zum 2. Weltkrieg tatsächlich höher entwickelt als heute, die Menschen hatten einfach mehr Interesse an gutem Essen, wussten mehr darüber und dementsprechend war die Nachfrage. Kein Händler bietet ein Produkt an, das zu wenig gekauft wird und damit nicht profitabel ist. Das war auch in „guten alten Zeiten“ nicht anders.

Der Trend zu möglichst billigen Nahrungsmitteln wirft ein neues Problem auf, das zu einer dramatischen Einschränkung der Warenvielfalt führen könnte: Der Siegeszug der Diskonter. Das sind Supermärkte, die kein komplettes Angebot führen, sich damit enorme Kosten ersparen, also leicht billiger sein können als die Konkurrenz der Komplettversorger. Zusätzlich werden Kunden durch intensiv beworbene Sonderangebote, die meistens nichts mit Lebensmitteln zu tun haben, angelockt: Diese Woche ein Gartengrill, nächste Woche ein Golfset und so weiter. Der Trick besteht in der Einschränkung der Auswahl. Wenn die Qualität stimmt, sind die günstigen Preise für den Konsumenten ja sehr angenehm. Unangenehm wird es allerdings, wenn die Diskonter die Komplettversorger weitgehend verdrängen – aber genau das ist der momentane Trend am Lebensmittelmarkt (und nicht nur dort). Einschränkung der Angebotsvielfalt ist das lukrativste Geschäft für die Handelsketten, der Konsument profitiert insofern davon, dass er relativ billig einkaufen kann, aber gleichzeitig erfährt er eine Art Entmündigung: Nicht das, was er braucht und möchte, kann er kaufen, sondern das, was zufällig gerade angeboten wird.

Thank You
for
Shopping
with Us

Es gibt freilich auch durchaus positive Entwicklungen, die man anhand eines konkreten Beispiels verdeutlichen kann: Die Entwicklung der Tomate. Bis in die Sechzigerjahre kam sie fast ausschließlich zur Saison auf den Markt, meist aus heimischem Anbau. Sie war in der Regel von guter Qualität und es gab eine gewisse Sortenvielfalt. Schon während der Siebzigerjahre begann der Siegeszug der Agrarindustrie, neue Techniken wurden entwickelt, Glashauskulturen und kostengünstige, weite Transportwege ermöglichten es, die Früchte das ganze Jahr über anzubieten. Mit Schrecken erinnern sich viele von uns an die typische Tomate der Achtzigerjahre: Die wässrige, geschmacklose holländische Glashaustomate, innen weiß und nur in der äußeren Form an die ursprüngliche Frucht erinnernd. Ein durch und durch verzichtbares Produkt. Viele Menschen hatten verlernt, wie eine Tomate schmeckt. Nicht so in Italien: Dort wusste und weiß praktisch jeder, was er von einem guten „pomodoro" zu erwarten hat und will selbstverständlich aus einer Vielzahl von Sorten auswählen. Für die Zubereitung eines Salates wird eine andere Sorte benötigt als für Saucen und so weiter. In der Zwischenzeit hat sich aber auch die Agrarindustrie weiterentwickelt. Heute ist das intensive Tomatenaroma wieder sehr präsent – in Form der Kirschtomate. Besonders die länglichen, leicht birnenförmigen sind von ausgezeichneter Qualität und stammen immer öfter aus der unmittelbaren Umgebung. Auch die Sortenvielfalt ist eindeutig wieder im Steigen begriffen und gerade in Österreich ist der Anteil an biologisch produzierten Produkten mittlerweile ganz beachtlich: All das in ganz normalen Supermärkten. Ein weiteres positives Beispiel ist Ruccola, der ja bis vor gar nicht langer Zeit bei uns völlig unbekannt war. Heute wird er überall angeboten. Auch frischer Fenchel, der ja ebenfalls in der heimischen Küche bis vor relativ kurzer Zeit kaum vorgekommen ist, ist aus dem Angebot nicht mehr wegzudenken. Es gibt noch viel zu entdecken, unzählige, bei uns bisher unbekannte Obst- und Gemüsesorten würden hier hervorragend gedeihen. In diesem Zusammenhang sei hier auf die hervorragende Arbeit von Pflanzenbauinstituten und Gen-Datenbanken verwiesen. In Österreich sind das zum Beispiel die HBLA für Gartenbau in Schönbrunn sowie die „Arche Noah" in Niederösterreich. Dort werden in groß angelegten Studien oft hunderte Sorten einer Pflanze angebaut. Von den ursprünglichen Wildformen über alte und fast vergessene Züchtungen bis zu den ausgefallensten Variationen in Farbe, Form und Aroma. Die so gewonnenen Erkenntnisse über Qualität, Resistenz und Haltbarkeit werden an Produktionsbetriebe und Handel weitergegeben. Hin und wieder hält ein neues Produkt dann Einzug in die Frische-Abteilungen der Supermärkte.

Eine weitere Neuerung ist das so genannte „convenience-food", also fertig oder halbfertig zubereitete Lebensmittel. „Fertigessen" lehnen wir ab, aber bei den Halbfertigprodukten findet man doch einige brauchbare Dinge. Zum Beispiel vakuumverpacktes, vorgekochtes Gemüse, etwa rote Rüben. An der Qualität gibt es nichts zu bemängeln und man spart sich eine Menge Zeit und „Patzerei". Fertig gewaschene Blattsalate, die in aufgeblasenen „Airbags" angeboten werden, können wir nur bedingt empfehlen: Vorgeschnittene Blätter sollte man meiden, weil der Pflanzensaft austritt und dabei Geschmack und Konsistenz verändert. Ganze Blätter wie junger Spinat oder Vogerlsalat (Rapunzel) sind aber durchaus in Ordnung. Bei einer Reise durch Norditalien entdeckt man in den dortigen Supermärkten ein noch viel breiteres diesbezügliches Angebot, blanchierten Spinat und „rape" (ein bei uns noch völlig unbekanntes Blattgemüse), gegrilltes Gemüse, allerlei vorgekochte Hülsenfrüchte, fertige Polenta und natürlich eine große Auswahl an frischer Pasta. Auch die Qualität von Tomaten in Dosen oder Kartonpackungen ist meistens sehr gut, da es – besonders außerhalb der Saison – schwierig ist, mit frischen, aber durchschnittlichen Früchten ein gleich gutes Ergebnis zu erzielen. Allerdings sind frische, perfekt gereifte Tomaten, die man selbst enthäutet, natürlich immer noch am besten!

Wir nehmen an, dass das Angebot an „convenience-food“ in Zukunft noch beträchtlich wachsen wird. Es macht Sinn, langwierige Vorbereitungsarbeiten sozusagen vom Produzenten erledigen zu lassen und diese Dienstleistung mit einem etwas höheren Preis zu bezahlen, solange die Qualität stimmt.

Klar wäre es am besten, wenn man alles selbst zubereitet, wenn das Gemüse immer frisch aus dem eigenen Garten hinter dem Haus käme, das Fleisch vom Biobauern gleich nebenan und Beeren und Pilze aus dem unberührten Wald. Es ist nur für die meisten Menschen völlig unrealistisch und mit der alltäglichen Lebenswelt nicht vereinbar. Deshalb ist der Supermarkt für viele die einzig mögliche Einkaufsquelle. Es liegt in der Macht der Konsumenten, das dortige Angebot zu beeinflussen. Reden Sie mit dem Geschäftsführer, sagen Sie, was Sie sich wünschen, beschweren Sie sich, wenn etwas nicht passt und kaufen Sie das hochwertigere Produkt, auch wenn es um ein paar Cent teurer ist.

ML

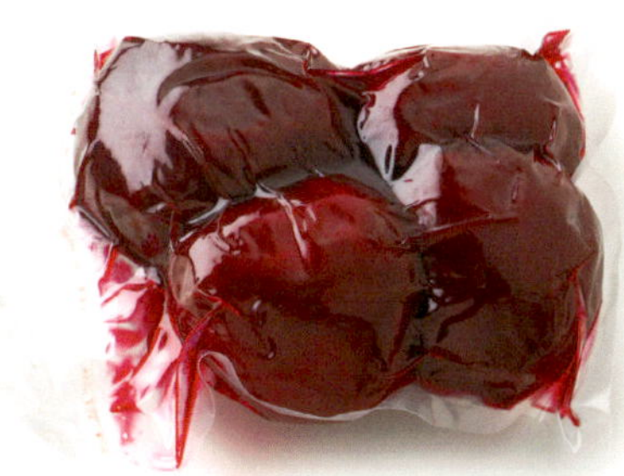

STOUT
MARMITE
Rubicon
Pineapple Coconut
VITA MALT
CALPICO
COCONUT JUICE
MANGO LASSI
500ml € 1,80,
(Joghurt Trink)
KIKKOMAN
Soy Sauce
CHAOKOH
GUINNESS
TARO VL CHINA
1kg € 2,50,-
1kg € 1,90,-

ALTERNATIVEN

Die übermächtige Dominanz der großen Supermarktketten hat es zwar geschafft, die traditionelle „Greißlerei am Eck“ und die Obst- und Gemüsehandlung zu verdrängen, trotzdem wachsen alternative Versorgungsstrukturen ständig neu nach. Seit Beginn der Biowelle in den Achtzigerjahren entstehen immer neue Bioläden, die allem Anschein nach gute Umsätze machen, obwohl – gerade in Österreich – auch die großen Handelsketten ihr biologisches Angebot ständig erweitern. Offensichtlich steht eine ständig wachsende Stammklientel treu zu den alternativen Handelsstrukturen der Bioläden, auch wenn die Preise höher sind. Relativ neu ist auch der Lieferservice der sogenannten „Gemüsekistln“. Das ist eine Art Abonnement, bei dem wöchentlich eine Kiste mit Obst, Gemüse und Milchprodukten direkt bis zur Wohnungstür geliefert wird. Über die Zusammenstellung der Produkte entscheidet zwar weitgehend der Lieferant, meist bekommt man aber einen feinen Querschnitt durch saisonal aktuelle Obst-, Gemüse- und Kräutersorten. Die Direktvermarktung ab Hof spielt eine zunehmende Rolle und ist gerade für kleinere Landwirtschaftsbetriebe eine neue Existenzgrundlage. Abseits von Massenproduktion entsteht eine Vielzahl von neuen Produktangeboten wie Hochlandrind, Waldschwein sowie spezielle Rassen von Lämmern und Ziegen. Gerade in Österreich scheint sich eine echte Alternative zur industriellen Landwirtschaft zu entwickeln, deren Anteil an der Gesamtproduktion schon sehr beachtlich ist und nach wie vor hohe Wachstumsraten vorweisen kann.

Obwohl das Frischfleisch-Angebot der Supermärkte immer umfangreicher wird, ist die Zunft der Fleischhauer noch nicht ausgestorben. Gerade beim Fleischeinkauf ist die persönliche Betreuung und die Erfüllung von speziellen Wünschen oft unerlässlich und bei keinem anderen Lebensmittel ist die Qualität derart entscheidend für das Gelingen eines Rezepts. Es ist zum Beispiel praktisch unmöglich, ein nicht lange genug abgelegenes Rindfleisch kurz abzubraten. Die Poren werden sich beim Braten öffnen, der Saft wird ausrinnen und im besten Fall wird die Speise „knapp am Rand der Ungenießbarkeit entlangschrammen“. Fleischeinkauf ist also Vertrauenssache. Leider nimmt auch bei den heimischen Fleischhauern die Unsitte, jeglichen Fettrand fast vollständig zu entfernen, in erschreckendem Maß zu. Man muss das Fett nicht essen, wenn man es nicht mag, aber es muss beim Braten am Fleisch sein! Fett ist der Geschmacksträger schlechthin und macht das Fleisch saftig und zart. Leider leben wir in Zeiten der kollektiven Fett-Phobie, die tierischen Fette sind die Sündenböcke der letzten 30 Jahre – was sich in der Zwischenzeit übrigens als unhaltbar und irrational herausgestellt hat. Bestehen Sie auf den Fettrand!

Weitere hervorragende Einkaufsquellen sind in den letzten Jahren durch die Zuwanderung von Menschen aus anderen Kulturen entstanden: Türken, Perser, Inder, Chinesen, Vietnamesen, Thais, Koreaner, Araber, Afrikaner und viele mehr haben mit ihren meist kleinen Läden das Angebot enorm bereichert. Ursprünglich sind diese „Asia- und Ethnoläden“ vor allem zur Versorgung der eigenen Landsleute entstanden, um für die eigenen Kochtraditionen unverzichtbare Zutaten zur Verfügung zu stellen. In der Zwischenzeit haben auch große Teile der „alteingesessenen“ Bevölkerung diese wunderbaren Quellen entdeckt. Die asiatischen Läden bieten neben frischem Tofu auch herrliche Kräuter und Gemüse in Kühlvitrinen an: Thai-Basilikum, Korianderpflanzen samt Wurzel, frische Minze, Sojasprossen, chinesischen Schnittlauch, Ingwer- und Galgantwurzeln, frischen Chili, Limetten und Lemongras. Pak-Choi ist hierzulande ein noch kaum entdecktes Gemüse, das herrlich unproblematisch zu verarbeiten ist. Thailändische Currypasten und Kokosmilch sind so populär geworden, dass sie sogar schon in den Supermärkten angeboten werden, ebenso diverse Sojasaucen und Sesamöl.

Die türkische Kultur hat das Angebot von Lammfleisch und Brot bereichert, sowie herrlich fette Jogurts gebracht. Süßkartoffel, Kochbananen und schwarzer Kümmel gehen wahrscheinlich auf afrikanischen Einfluss zurück. Gewürze sind in all diesen Läden in größerer Auswahl und zu wesentlich günstigeren Preisen als in den Supermärkten zu bekommen. Auf den heimischen Märkten wird ein Großteil der Stände bereits von Immigranten aus anderen Kulturen betrieben, was einige xenophobe Zeitgenossen stören mag. Tatsache ist jedoch, dass das Angebot noch nie zuvor so vielfältig und lebendig war. Erst durch die Zuwanderung erleben unsere Märkte heute eine regelrechte Renaissance. Wie schon zu allen früheren Zeiten ist diese Begegnung von Kulturen eine Bereicherung der eigenen Kochkultur. Kochtraditionen haben sich immer schon gegenseitig beeinflusst, die ganze Entwicklung der Ernährung ist davon geprägt, dass in immer rascherer Folge neue, bisher unbekannte Lebensmittel auftauchen und in die eigene Tradition aufgenommen werden. Selbst so vertraute Zutaten wie Kartoffel und Tomate sind bei uns kaum länger als 200 Jahre wirklich verbreitet. Freilich haben sich die Rezepte bei der Übernahme in die eigene Kultur verändert und genau das geschieht auch heute. Eine Vergrößerung der Vielfalt ist jedenfalls das Beste, was uns passieren kann.

Neben der meist guten Auswahl an frischen Lebensmitteln kann man besonders in den asiatischen Geschäften eine Vielzahl an konservierten Produkten entdecken und erforschen: getrocknete Pilze wie Shiitake, zartes Reispapier zum Umhüllen von Fleisch und Gemüse, sowie Algen und Seetang als besonders gesunde und unkomplizierte Neuigkeiten in unserer Küche. Verschiedenste Soja- und Chilisaucen, japanische Miso-Paste und koreanisches Gochujang bieten sich für neuartige Verwendungsmöglichkeiten an. Auch in den Tiefkühltruhen kann man kleine Entdeckungsreisen unternehmen: „Teigtascherl" wie Gioza und Wantan, gefüllt mit allerlei Köstlichkeiten, kann man für Suppen verwenden oder einfach kurz abgebraten, mit scharfen Soßen und eingelegtem Gemüse als blitzschnelle Vorspeise zubereiten. Auch kleine Frühlingsrollen bieten sich dafür an. Selbst Krustentiere und Fisch kann man in diesen asiatischen Tiefkühlvitrinen finden.

In Geschäften aus arabisch/islamischen Kulturen sind Gewürze wie Safran und Kreuzkümmel sehr präsent. Auch Nüsse wie Pistazien, Pignoli, Walnüsse und Mandeln sind für die arabische Küche wichtig, ebenso getrocknete Früchte wie Rosinen, Marillen, Maulbeeren, Berberitzen und Datteln. In der persischen Küche sind getrocknete Limonen eine unverzichtbare Zutat zum Mitkochen in gulaschartigen Fleischgerichten. Es lohnt sich, das einmal auszuprobieren. Auch die marokkanischen eingelegten Salzzitronen sind manchmal in solchen Läden zu finden (Rezept auf Seite 74), sowie Harissa, eine interessante nordafrikanische Chilipaste, und natürlich Kichererbsen und Couscous.

Falls Sie in der glücklichen Lage sind, über einen eigenen Garten zu verfügen, dann ist der Eigenanbau von Obst, Gemüse und Kräutern eine wunderbare Quelle für frische Lebensmittel. Als Fundgrube für Saatgut und Jungpflanzen empfehlen wir die „Arche Noah" im niederösterreichischen Schiltern bei Langenlois (www.arche-noah.at). „Gesellschaft für die Erhaltung der Kulturpflanzenvielfalt & ihre Entwicklung" nennt sich der Verein selbst, der sich damit beschäftigt, tausende alte und unbekannte Kulturpflanzensorten anzubauen, um das entsprechende Saatgut der Allgemeinheit zur Verfügung zu stellen. Wenn man bedenkt, dass nach Schätzungen der WHO in den letzten 100 Jahren rund 75 % der Sorten unwiederbringlich verloren gegangen sind, kann man sich vorstellen, wie wichtig die Arbeit solcher Organisationen ist. Um 1900 wuchsen in Österreich noch 3.000 bis 5.000 Apfelsorten – heute sind es nur mehr 400 bis 500. Und davon gelangt wieder nur eine ganz kleine Auswahl bis in die Supermarktregale. In den Ländern der dritten Welt schaut es nicht weniger dramatisch aus. In Indien wurden um 1900 noch etwa 30.000 lokale Reissorten angebaut. In den späten Siebzigerjahren waren es nur mehr 12 Sorten auf drei Viertel aller Anbauflächen. Mit der zunehmenden Industrialisierung und Rationalisierung verschwindet die Vielfalt an Kulturpflanzen in atemberaubendem Tempo. Neben der „Arche Noah" gibt es im europäischen Raum noch einige ähnliche Institutionen, bei denen man Saatgut bestellen kann. Unter dem Suchbegriff „Saatgut" sollte man im Internet fündig werden. Wer keinen Garten hat, kann immer noch frische Kräuter auf Balkon, Terrasse oder im Blumenkistchen vor dem Fenster anpflanzen.

ML

MÄRKTE

Trotz Supermarkt und Shoppingcenter leben sie noch, die traditionellen Märkte! Seit Jahrhunderten sind sie praktisch unverändert geblieben, mit ihrer Mischung von betörenden Düften und ihrer unverwechselbaren vitalen Klangkulisse. Noch immer gibt es Marktschreier, die ihre Waren lautstark anpreisen und die Kunden auffordern, ihre Produkte zu kosten. Heute empfindet man all das natürlich als nostalgisch und gerade deshalb erleben viele Märkte einen regelrechten Boom. Hier herrscht noch eine Welt ohne Markenartikel, Corporate Design und „dezente" Klangberieselung. Wir bemerken heute, um wie vieles authentischer und sinnlicher dieses Einkaufserlebnis ist. Durch die Zuwanderung von Menschen aus östlichen Kulturen wurden unsere Märkte in den letzten Jahrzehnten zusätzlich bereichert und die Angebotsvielfalt enorm erweitert. Die heutigen Märkte sind eine kosmopolitische Mischung aus heimischem Bauernmarkt, orientalischem Basar und ostasiatischer Exotik. Von Bergkäse und Sauerkraut bis Kebab und Sushi findet man Lebensmittel aus unzähligen verschiedenen Kulturen. Durch ihre kleinbetriebliche Struktur, die ein hohes Maß an Flexibilität ermöglicht und durch die unmittelbare Konkurrenz der einzelnen Anbieter entstehen Kreativität und Innovation. Die Märkte verändern sich ständig, in rascher Folge tauchen neue Produkte auf, die erst Jahre später vielleicht auch im Supermarktregal zu finden sein werden. Durch die Internationalisierung des Lebensmittelhandels sind auch ursprünglich saisonalen Einschränkungen kaum mehr Grenzen gesetzt. Kirschen und Erdbeeren im Winter oder Zitrusfrüchte das ganze Jahr über sind nur einige Beispiele. Es ist nun möglich, viele Zutaten für exotische Gerichte zu bekommen. Ob frischer Pak Choi , Koriander und Zitronengras aus dem Kühlregal oder Kokosmilch und Currypasten für die südostasiatische Küche, da bleibt fast kein Wunsch mehr offen. Der boomende internationale Tourismus ist sicher mitauslösend, dass sich das Interesse breiter Teile der Bevölkerung für kulinarische Vielfalt so erweitert hat. Dadurch entstand auch eine beträchtliche gastronomische Diversität, die weitere Inspiration für das Interesse an internationalen Gaumenfreuden erweckt hat. Anders ist die Situation allerdings im ländlichen Bereich, wo das Angebot meist auf regionale Waren beschränkt ist. Fahrende Händler, die mit ihren Produkten von Dorf zu Dorf fahren – sozusagen mobile Kleinmärkte und Wochenmärkte – sind dort weitaus üblicher. Manchmal gibt es auch wie in der guten alten Zeit einen Mischmarkt, auf dem man auch Hausrat, Textilien und kunsthandwerkliche Produkte bekommt. Einige Märkte in den Großstädten sind „schick" geworden, sie erfüllen immer weniger die ursprüngliche Funktion der Versorgung mit Grundnahrungsmitteln und verändern sich hin zu einem luxuriöseren Angebot von Delikatessen und edlen Weinen. Wo vor kurzem noch einfache Gemüsestände waren, findet man jetzt gepflegte Weinbars und restaurantähnliche Betriebe. Wenn es um Märkte geht, so bleibt nur eines konstant: Der ständige Wandel.

CP

Bereits im 16. Jahrhundert wurde am Wienfluss Milch verkauft. Damals war „Asch“ die Bezeichnung für einen aus Eschenholz hergestellten Milcheimer. Man vermutet, dass der ursprüngliche Name „Aschenmarkt“ von daher rührt. Eine andere Therorie führt den Namen auf den Verkauf von Holzasche zum Herstellen von Waschlauge zurück. Im frühen 19. Jahrhundert wurde der Begriff „Naschmarkt“ geläufig. Heute ist er der größte der insgesamt 27 Wiener Märkte.

MAULBEEREN
IRAN
100 g € 1,40

FREIE WILDBAHN

Im Wald und auf der Flur ist mehr Essbares und Heilendes zu finden, als wir vermuten. Unsere Urahnen wussten noch besser über das Sammeln von Nahrung in der freien Wildbahn Bescheid. Das gilt noch heute für einige in Abgeschiedenheit lebende Völker, für die die Natur Lebensraum, Nahrungsquelle und Apotheke darstellt. Dass jede Pflanze, jedes Kraut auch eine heilende Wirkung hat, wussten früher Medizinmänner, Schamanen, Druiden, weise Frauen, Klosterschwestern, Mönche und KöchInnen. Dieses Wissen ist heute weitgehend verloren gegangen, wir sind ja auch nicht mehr darauf angewiesen, uns aus dem Wald zu ernähren. Studiert man aber die Pflanzen in der Fachliteratur und geht mit offenen Augen durch die Natur, ist es wahrlich überraschend, welch große Vielfalt uns Wald und Wiese trotz Urbanisierung immer noch bieten. Allein in Europa soll es über 1.500 essbare Wildpflanzen geben. Wer nur einige davon kennt, kommt bestimmt von jedem Ausflug mit einem feinen Fund nach Hause.

Bei Pilzen empfehlen wir ein Bestimmungsbuch zu verwenden. Wenn Sie sich nicht sicher sind, nehmen Sie einen kundigen Fachmann mit oder nützen Sie die Beratung einer Kontrollstelle. Für alle Pilze gilt, diese baldigst zu verarbeiten, erst eingelegt oder getrocknet werden sie haltbar. Zu den bekanntesten zählt der Steinpilz, auch Herrenpilz genannt, er wächst sowohl unter Laub- als auch Nadelbäumen, ist an verschiedensten Standorten zu finden und schießt vor allem nach spätsommerlichen oder herbstlichen Gewittern auf spektakuläre Weise aus dem Boden. Für viele Pilzliebhaber ist er der Maßstab, an dem andere Pilze gemessen werden. Dünn geschnitten, nur ganz kurz in Butter gebraten, leicht gesalzen und gepfeffert ist er ein feiner Brotbelag, gebacken mit einer leichten Knoblauchmayonnaise ist er ein Gedicht. In Öl eingelegt oder getrocknet kann man ihn gut konservieren. Leicht zu erkennen sind dank ihrer leuchtend gelben Farbe die Eierschwammerl, sie bevorzugen feuchte Standorte und kommen praktischerweise meist in Gruppen vor. Wegen des kompakten festen Fleisches brauchen sie eine etwas längere Zubereitungszeit. Fein sind sie als Schwammerlsauce mit Knödel oder in einem Omelette. Parasole oder Riesen-Schirmpilze gehören zu den größten Speisepilzen überhaupt, sie kommen an Waldrändern, auf Lichtungen und zwischen Farnen vor. Wegen ihrer Größe und hellen Farbe sind sie von weitem sichtbar. Bei jungen Pilzen sitzen die Hüte noch eiförmig auf langen, dünnen Stielen. Besser erkennbar sind die bereits größeren mit ihren schirmartigen Hüten, die bis zu 40 cm Durchmesser erlangen können. Das wichtigste Merkmal ist der doppelte, verschiebbare Ring am Stiel. Geerntet werden besser jüngere Exemplare, deren Hüte noch nicht vollständig ausgebreitet sind, sie besitzen noch den typisch nussigen Geschmack. Am besten schmecken sie als Schnitzel herausgebacken oder gegrillt. Eine Delikatesse sind auch die Speisemorcheln. Sie gedeihen in feuchten Wäldern, am Waldrand oder dort, wo man sie eigentlich nicht erwartet, in Alleen, auf Terrassen und auf Schuttbergen. Erkennbar am wabenartigen, schwammähnlichen, bräunlich-grauen Hut, der mit dem hohlen, weißen Stiel verwachsen ist. Bei diesen Pilzen braucht man allerdings Geduld und Erfahrung, da sie so unberechenbar auftauchen und listig ihren Standort von Jahr zu Jahr wechseln. Sie haben einen feinen Geschmack, das feste Fleisch mit dem angenehmen Biss eignet sich für Saucen, als Füllungen und Beilagen für Braten und Geflügel. Getrocknet kann man sie gut lagern. Apropos: Aus getrockneten Pilzen kann man im Mörser ein feines Mehl herstellen, das als Würze in Saucen, Suppen und Braten eine herrliche Geschmackskomponente ergibt. So kommen auch Menschen, die vielleicht Pilze in ihrer ursprünglichen Form nicht mögen, dennoch in den Genuss dieser aromatischen Köstlichkeiten. Eine weitgehend unbekannte Spezialität ist die Herbsttrompete (Rezept auf S. 77). Ihr Geschmack ist intensiv und verleiht Speisen eine wunderbare Würze. In Italien waren sie immer schon eine Delikatesse, dort heißen sie „Trüffel der Armen" – „tartuffi di poveri"!

Sie haben einen füllhornartigen Fruchtkörper, woher sich wohl auch der Name ableitet. Sie sind innen gänzlich hohl und hutförmig nach außen umgerollt. Diese Pilze kommen häufig in ganz Mitteleuropa vor, bevorzugt unter Buchen.

Wesentlich leichter ist das Finden und Erkennen von Beeren. Heidelbeeren, Himbeeren sowie Brombeeren und Walderdbeeren sind den Meisten bekannt. Aber auch die Blätter der Brombeeren, Himbeeren und Erdbeeren ergeben frisch oder getrocknet gute Tees. Getrocknete Heidelbeeren sind übrigens eine ausgezeichnete Medizin gegen Durchfall. Wenn man die Mühe des Entkernens nicht scheut, kann man aus Hagebutten hervorragende Marmeladen und Gelees zubereiten. Der Hollunder kommt in unseren Breiten häufig an sonnigen Plätzen vor. Schon die Blüten kann man zu Saft verarbeiten oder als „Hollerstrauben" in Backteig im Fett herausbacken. Später als Hollerbeeren kann man daraus auch Marmeladen oder Saucen (Rezept auf S. 161) und dunklen Saft oder eine „Hollersuppe" herstellen. Dazu werden die Beeren in einen Topf gegeben und ganz mit Milch bedeckt, dann mit etwas Zimtrinde eine halbe Stunde lang aufgekocht. In einer kleinen Pfanne lässt man etwas Mehl in Butterschmalz aufschäumen und löscht mit wenig Milch ab. Diese Einbrenn gibt man zu den Beeren und lässt alles noch einmal kurz aufkochen – mit Zucker süßen, mit etwas Obers abschmecken, auskühlen lassen und mit Schwarzbrotwürfeln servieren.

Die Wiese bietet ein noch viel größeres Angebot: Ganz junger Sauerampfer und Löwenzahn sind feine Zutaten für vitaminreiche Frühlingssalate. Gänseblümchen und Veilchen machen nicht nur ein schönes Bild auf Speisen, sondern sind auch sehr gesund. Wilder Kerbel ist im Frühjahr in den heimischen Wäldern oft massenhaft zu finden. Er sprießt gleichzeitig mit dem viel bekannteren Bärlauch, der früher bei uns als „Knoblauchspinat" bezeichnet wurde und heute einen regelrechten Boom erlebt. Kurz überkocht gibt er Saucen, Suppen oder als Beilage – wie Blattspinat – seine berühmte „knofelige" Note. Wiesenthymian, der bei uns auch als Quendel

oben:
Wilder Kerbel ist in den heimischen Wäldern im Frühling oft massenhaft zu finden. Ebenso der Bärlauch (rechts).

rechte Seite Mitte:
Wilder Majoran, auch Oregano genannt (der einheimische Name lautet „Dost"), ist auf vielen Wiesen leicht zu finden.

ganz rechts:
Die Brennnessel hat mehr als ein halbes Jahr lang Saison.

bekannt ist, sowie wilder Majoran, dessen einheimischer Name Dost lautet, sind auf Wiesen und Almen häufig zu finden. Auch wilder Salbei kommt hierzulande häufig vor. Der erfrischende Sauerklee bedeckt oft ganze Waldböden. Weitere Geschenke des Waldes sind die ganz jungen Tannen- und Fichtenwipfel, die in Honig eingelegt eine kleine, köstliche, süßsaure Beilage ergeben. Man kann sie auch zum klassischen „Maiwipferlsirup" verarbeiten. Brunnenkresse, Wiesenschnittlauch und wilde Minze sind herrlich für Topfenaufstriche und Salate. Die Brennnessel, von der man die feinen oberen Spitzen erntet – idealerweise mit einem dünnen Gummihandschuh – kann ebenfalls blanchiert als Brennnesselspinat oder -suppe verwendet werden. Sie hat einen hervorragenden Geschmack und wirkt wie der Bärlauch entgiftend und blutreinigend. Aus den unterschiedlichsten Kräutermischungen können schnelle Suppen und Saucen gekocht werden. Sie können aber auch roh zu Pestos verarbeitet werden: Die Kräuter werden mit geriebenen Nüssen (Walnüsse, Haselnüsse), Salz und reichlich Olivenöl in einem Cutter fein gehackt. Eine besondere Spezialität ist der Hopfenspargel. Er kommt häufig bei Gebüschen und am Waldrand in der Nähe von Gewässern in den Monaten März bis April vor. Die zarten, ersten Triebe des wilden Hopfens, die dem Spargel sehr ähnlich sehen, schmecken fein und sind leicht zuzubereiten: Kurz in Wasser überkochen oder in Olivenöl braten, salzen und mit Parmesan bestreuen. Auch wilde Möhren und Kren sind bei uns weit verbreitete Wildpflanzen.

Es gibt praktische kleine Pflanzen- beziehungsweise Kräuterführer, die man auf seine Exkursionen mitnehmen sollte. Eine mögliche Verwechslung mit Giftpflanzen sollte man als Laie nicht unterschätzen! Sammeln Sie nicht an Stellen, die direkt an einer Straße oder in der Nähe eines Industriegebietes liegen, weil dort die Schadstoffintensität deutlich höher ist.

CP

Petersilie

Krauspetersilie

Koriander

Kerbel

Schnittlauch

Basilikum

Griechisches Basilikum

Rotes Basilikum

Estragon

Liebstöckl

Salbei

Rosmarin

Thymian

Oregano

Majoran

Lorbeer

Kapuzinerkresse

Gartenkresse

Dill

Zitronenmelisse

Minze

Pfefferminze

Lemongras

Curryblätter

Kaffir-Limettenblätter

FRISCHE KRÄUTER

Wo bekommt man welche frischen Kräuter?

Im Supermarkt:
Petersilie
Schnittlauch

manchmal auch: *Basilikum*
Dill
Salbei
Rosmarin
Thymian
Melisse

Im Asia-Laden:
Koriander
Thai-Basilikum
Minze
Curryblätter
Lemongras
Kaffir-Limettenblätter

Problemlos als Topfpflanze haltbar:
Rosmarin
Salbei
Basilikum
Lorbeer
Melisse
Minze

Im getrockneten Zustand gut verwendbar:
Majoran
Oregano
Lorbeer
Estragon
Thymian

In freier Wildbahn:
Bärlauch
Kerbel
Brennnessel
Oregano (Dost)

Frische Kräuter sind für uns in der Küche absolut unverzichtbar. Ihre komplexen Aromen und der Duft der ätherischen Öle sind nicht nur für Pasta-Gerichte und Saucen wichtig, sondern können bei fast allen Speisen zum Einsatz kommen. Sie bringen Variantenreichtum ins Essen und viele von ihnen sind regelrechte Heilmittel, die uns mit den kostbarsten Inhaltsstoffen versorgen. Als unverzichtbarer Bestandteil der täglichen Ernährung ist ihr Gebrauch durch die Jahrtausende kultiviert worden, manche wurden sogar als heilige Pflanzen verehrt. In Europa waren sie im Gegensatz zu den exotischen Gewürzen für jedermann verfügbar – auch für die Armen –, weil sie praktisch überall wachsen. In unseren Breiten findet man im Frühjahr neben dem obligaten Bärlauch große Mengen von Kerbel und Oregano in freier Wildbahn und wenn man sich auskennt noch so manches andere. In mediterranen Gegenden ist die Luft oft gesättigt von den Düften der wilden Kräuter: Thymian, Rosmarin, Lorbeer und Salbei kommen häufig vor. Wesentlich ist, dass die Kräuter frisch verwendet werden, weil sich die meisten Geschmacks- und Inhaltsstoffe schnell verflüchtigen und beim Trocknen ganz verschwinden. Es gibt allerdings Ausnahmen: Majoran, Oregano und Lorbeerblätter können durchaus in getrocknetem Zustand verwendet werden, eventuell auch Estragon und Thymian. Alles andere sollte jedoch unbedingt frisch sein, getrocknetes Basilikum, Schnittlauch oder Petersilie gehören zu den Todsünden in der Küche! Auch tiefgekühlte Fertigmischungen verschmähen wir, was natürlich ein gewisses Problem aufwirft: Die Versorgung mit frischen Kräutern ist nicht einfach. Außer Schnittlauch und Petersilie bieten die heimischen Supermärkte nur fallweise anderes an. Basilikum, Dill und Rosmarin entdeckt man zwar ab und zu, darauf kann man sich aber nicht verlassen. Eine gute Alternative sind die kleinen Asia-Läden, die fast immer frischen Koriander samt Wurzel, herrliches Thai-Basilikum, Minze und Lemongras in der Kühlvitrine vorrätig haben, manchmal auch Curry- und Kaffirblätter. Wer einen Markt wie den Wiener Naschmarkt in der Nähe hat, kann sich natürlich glücklich schätzen: Dort ist praktisch alles zu kriegen.

Die zweite Alternative ist der Anbau, am besten auf einer Terrasse oder am Balkon, notfalls im Blumenkistchen vor dem Fenster. Direkt im Garten sind die zarten Pflänzchen oft schwer bedroht durch Schnecken und andere Tiere, die sie natürlich auch lieben. In der Wohnung ist die Haltung schwierig. Außer bei den robusten Sorten wie Rosmarin und Lorbeer, eventuell noch Basilikum, Minze und Salbei, gelingt es kaum, die Lebenszeit der Stöckchen über ein paar Wochen auszudehnen. Die Topfpflanzen, die in Supermärkten angeboten werden, sind meistens zum einmaligen Verbrauch gedacht. Sie sind viel zu eng gesetzt, um wirklich überleben zu können. Ein Tipp: Legen Sie zwei Blumenkistchen an, eines mit normaler Gartenerde (ohne Kunstdüngerzusatz!) für Kräuter, die es feucht mögen und eines für südländische Kräuter, das Sie durch die Zugabe von Sand oder Kies „magerer“ machen. Ins „fette“ Kistchen kommen: Petersilie, Schnittlauch, Minze, Melisse und Basilikum. Ins „magere“ kommen: Thymian, Rosmarin, Salbei, Majoran und Oregano – diese werden weniger gegossen. Optimal ist, wenn man die Kistchen ins Freie, vor das Fenster hängen kann.

ML

GEWÜRZE

Im Gegensatz zu den frischen Gewürzkräutern bezeichnen wir hier als Gewürze die meist getrockneten Teile von hoch aromatischen Pflanzen: Samen, Früchte, Rinden, Wurzeln und Blüten. Genau diese Pflanzenteile waren früher in Europa bekanntlich teilweise so wertvoll wie Gold. Im Mittelalter und der frühen Neuzeit spielten sie eine ähnlich bedeutende Rolle im Welthandel wie heute das Erdöl. So wie heute die schweren Geländewagen mit unverschämt hohem Benzinverbrauch die Statussymbole der Zeit sind, waren damals grotesk überwürzte Speisen bei den Reichen ein beliebtes Mittel für Protzerei. Ende des 15. Jahrhunderts war der durchschnittliche Verbrauch an Gewürzen in Europa pro Kopf angeblich 150-mal höher als heute. Dabei muss man allerdings berücksichtigen, dass sie damals – kombiniert mit Salz – auch eine wichtige Zutat zum Haltbarmachen von Nahrungsmitteln waren. Heute sind Gewürze im Welthandel fast bedeutungslos geworden, jedenfalls eignet sich ihre Verwendung nicht mehr zum Angeben. Ganz ähnlich wie bei den Kräutern sind die für das Aroma verantwortlichen Inhaltsstoffe vor allem die leicht flüchtigen ätherischen Öle, die den Geruchssinn ansprechen. „Leicht flüchtig" bedeutet, dass es sich um Verbindungen mit sehr niedrigem Siedepunkt handelt, die beim Kontakt mit Luft rasch verdampfen und so auch in die Nase steigen. Das ist auch der Grund dafür, warum man sie immer im Ganzen kaufen und erst unmittelbar vor der Verwendung im Mörser mahlen sollte. Optimale Mörser sind 3 bis 5 kg schwere Geräte aus Granit, aber auch Gewürzmühlen sind für kleinere Mengen geeignet. Der Unterschied zu Produkten in bereits pulverisierter Form ist gewaltig. Gewürze waren auch immer schon ein hervorragendes Mittel, um aus einfachen Zutaten raffinierte und variantenreiche Gerichte zu zaubern und spielen deshalb in der Küche der Armen, besonders in der Dritten Welt eine große Rolle. Die Aromastoffe breiten sich besonders gut in Fett aus, weshalb in der indischen Küche die Gewürze zuerst in Öl oder Butterschmalz angeröstet werden. Indien ist ja seit der Antike das eigentliche Mutterland der Gewürze und hat die raffinierteste Kultur im Umgang mit ihnen und ein profundes Wissen über ihre wohltuende Wirkung entwickelt. Dabei geht es vor allem um die leichtere Verdauung und die Gegenwirkung zu Blähungen. Besonders Samengewürze, wie alle Kümmelarten, Fenchel und Anis, sind eine wahre Medizin gegen Völlegefühl und übermäßige Gasentwicklung. Das angenehm warme Gefühl im Bauch nach einem guten indischen Essen ist unvergleichlich. Natürlich werden Knoblauch, Zwiebel und Paprika, aber auch tierische Produkte, wie Sardellen oder Fischsauce, als Gewürze verwendet.

Bei vielen Gewürzen spielt neben dem Aroma noch eine andere Eigenschaft eine wesentliche Rolle: Die Schärfe! Sie ist eigentlich kein Geschmack, sondern die reine Empfindung von Schmerz. Das für das Brennen verantwortliche Capsaicin im Chili spricht nicht die Geschmacksrezeptoren im Mund, sondern die für das Schmerzempfinden verantwortlichen Nervenenden an und gaukelt so dem Organismus eine schwere Verbrennung vor, ohne irgendwelchen Schaden anzurichten: Alltags-Masochismus ohne Konsequenzen! Ähnlich verhält es sich mit den Isothiocyanaten, die vor allem in Senfsamen und der Krenwurzel vorkommen und besonders die Schleimhäute der Nase (scheinbar) malträtieren. All diese Inhaltsstoffe sind Abwehrmechanismen der Pflanzen gegen Fressfeinde, die der Mensch aber zu einem Genuss kultiviert hat: Die Überwindung des Leidens! Dabei wird dem Organismus durchaus Gutes angetan: Die Verdauung wird gefördert, der Kreislauf angeregt und die Abwehrkräfte gestärkt. Scharf gewürztes Essen macht munter und nüchtern. Manche Esskulturen entwickeln geradezu eine Sucht nach extremer Schärfe. Besonders in Südostasien und Indien ist die normale Alltagskost für ungeübte Gaumen oft eine unerträgliche Qual, für die „Geeichten" aber großer Genuss.

ML

Wurzeln:
Ingwer
Kurkuma
Galgant
Kren
Wasabi

Früchte:
Chili, Paprika
Pfeffer
Vanille
Wacholder
Piment
Sternanis

Fruchtkerne:
Muskatnuss

Samen:
alle Kümmelarten
Fenchel
Koriander
Senf
Anis
Bockshornklee
Kardamom

Blüten:
Safran
Gewürznelken
Kapern

Rinden:
Zimt

Knollen:
Knoblauch
Zwiebel, Schalotten

Chili

Pfeffer schwarz

Pfeffer weiß

Pfeffer rosa

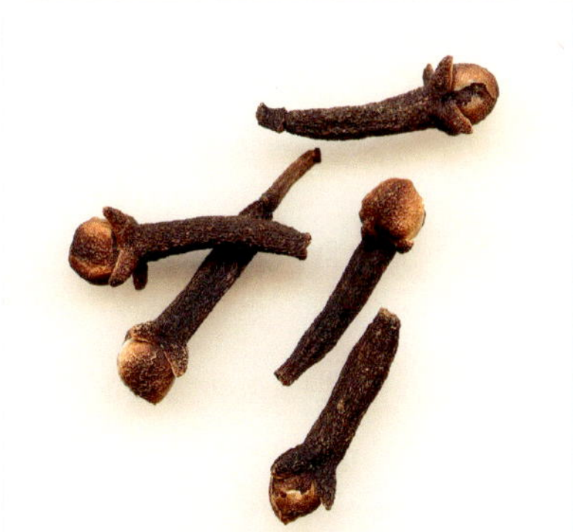
Gewürznelken

Muskatnuss

Kümmel

Kreuzkümmel

Schwarzkümmel

Fenchel

Koriander

Anis

Sternanis

Piment

Bockshornklee

Kurkuma

Ingwer

grüner Kardamom

schwarzer Kardamom

Vanille

Wacholderbeeren

Safran

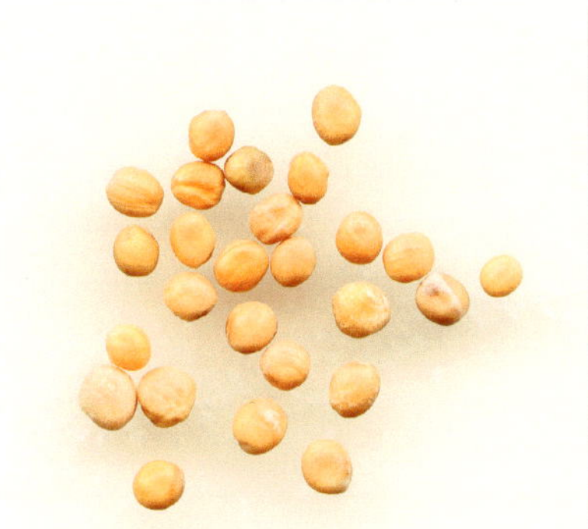
Senf

schwarzer Senf

Zimt

KOCHWERKZEUG

Hier möchten wir über einige Werkzeuge und Geräte erzählen, die wir gerne zum Kochen verwenden. Dabei geht es uns auch darum, einige Alternativen zum üblichen – oft überteuerten – Angebot der Haushaltsgeschäfte aufzuzeigen, wobei die ergiebigste Fundgrube dafür wieder einmal die Asia-Läden sind. Die dort angebotenen chinesischen oder japanischen Messer ohne Spitze sind ein hervorragendes Universalwerkzeug, das in verschiedenen Qualitäten und Preisklassen angeboten wird: Vom nicht ganz rostfreien Billigstmesser bis zu teuren Objekten aus Damaszener-Stahl. Wir finden mit einem Modell der unteren Preisklasse um etwa 30 € das Auslangen. Wichtig ist, dass man die Klinge immer wieder mit einem Wetzeisen abzieht, um die Schärfe zu erhalten.

Ein archaisches und bei uns lange vergessenes Küchengerät ist der Mörser. Damit werden Gewürze gemahlen, und zwar immer erst unmittelbar vor der Verwendung, was den Duft der flüchtigen, ätherischen Öle voll zur Entfaltung bringt. Kein Vergleich zu fertig gemahlenen Produkten! Eine gute Methode ist es auch, das „Reibgut“ mit etwas grobem Meersalz zu zermahlen. Der Mörser sollte schwer und nicht zu klein sein, am besten aus Granit, auch sollten die Innenseite und der Stössel nicht poliert, sondern rau sein, sonst kann das Zerreiben zu einer unnötigen Mühsal ausarten. Der Wirkungsgrad eines Mörsers ist einfach beschrieben: Je schwerer, desto leichter die Arbeit. 3 bis 5 kg samt Stössel sollte er schon haben. Wem das zu schwer ist oder wer auch auf Reisen nicht auf frisch gemahlene Gewürze verzichten will, kann eine Gewürzmühle verwenden – was allerdings nicht so mühelos und vor allem nicht so sinnlich ist. Früher wurden auch Getreide, Kräuter und Öle in Mörsern verarbeitet, etwa das berühmte Pesto Genovese (Basilikum, Knoblauch, Pignoli, Parmesan und Olivenöl). Das ist uns doch ein bisschen zu viel „Patzerei“, dafür steigen wir gerne auf moderne Küchenmaschinen um. Ein Mörser sollte übrigens niemals mit Spülmittel gereinigt werden. Einfaches Ausspülen genügt völlig.

Apropos Küchenmaschine: Um keine Verwirrung zu stiften, haben wir beim Schreiben der Rezepttexte für dieses Buch bewusst das Wort „Mixer“ vermieden, denn davon gibt es verschiedene Typen. Der Stabmixer ist gut geeignet zum Pürieren von flüssigen und sehr weichen Speisen, für feste oder rohe Zutaten ist er aber zu schwach. Auch der Bechermixer kann bei zu wenig Flüssigkeitszugabe streiken. Deshalb empfehlen wir den „Cutter“ oder „food-processor“ (siehe Abbildung rechts oben). Dieser verfügt über ein sensenartiges Rotationsmesser und wird mit den widerspenstigsten Zutaten problemlos fertig.

Seit kurzem beginnt die Verwendung von Gasbrennern in der Küche populär zu werden, schicke Crème Brûlée-Brenner werden angeboten. Wir bevorzugen allerdings simple Lötlampen aus dem Baumarkt, die nicht nur billiger sind, sondern auch größere Flammen erzeugen können. Man kann damit hauchdünne, knusprige Karamelschichten aus geschmolzenem Zucker über die Speise ziehen, sogar auf Speiseeis ist das möglich. Es geht so schnell, dass das Eis nicht schmilzt! Streuen Sie einfach etwas Kristallzucker darüber und halten Sie die groß aufgedrehte Flamme direkt darauf. Allerdings ist Konzentration und Vorsicht angebracht: Meist reichen wenige Sekunden um die Schicht goldbraun zu färben, dann sollte man sofort stoppen. Dunkelbraunes oder gar schwarzes Karamel ist extrem bitter. Verwenden sie als Unterlage robuste Porzellanteller oder Metall und passen Sie auf, dass Sie die Küche nicht abfackeln!

Der Wok ist auch bei uns schon seit einiger Zeit groß in Mode. Allerdings werden die abenteuerlichsten Geräte unter dieser Bezeichnung verkauft: Schwere Dinger aus Gusseisen oder Modelle mit flachem Boden und Eisengriffen, etc. Beim Design dieser Kochgeräte wurde das Prinzip des Woks gründlich missverstanden. Ein echter Wok muss möglichst leicht und dünnwandig sein, damit er die Hitze sofort weiterleitet. Außerdem hat er nur einen einzigen Griff, der aus Holz sein muss, damit man sich nicht die Finger verbrennt. Die Form soll gleichmäßig rund wie eine Satellitenschüssel sein, ohne flache oder abgewinkelte Bereiche, denn nur so kann man mit der speziell geformten Wokschaufel – wie mit einer Spachtel – angebratene Krusten mühelos vom Blech ablösen. Daraus ergibt sich natürlich, dass man mit einem richtigen Wok nur auf offener Flamme kochen kann, denn der Boden ist immer rund. Auf einer flachen Elektroplatte kann er einfach nicht stabil stehen. Ein Elektroherd ist deshalb für die Verwendung eines echten Woks nicht geignet, auch weil es bei dieser Kochtechnik um sehr schnelle Temperaturwechsel geht, die mit den trägen Elektroplatten einfach nicht zu erreichen sind. Falls Sie über keinen Gasherd verfügen und trotzdem mit dem Wok kochen möchten, dann sollten Sie sich einen transportablen Gasbrenner besorgen, der für wenig Geld in manchen Asia-Läden angeboten wird. Diese kompakten Geräte werden mit einer kleinen Gaskartusche bestückt und verfügen über einen sehr leistungsstarken Brenner. Sie sind auch die perfekten Kocher für den Outdoor-Betrieb.

Die besten Woks sind aus einfachem, unbeschichtetem Blech gefertigt, deshalb sollten sie nie mit Geschirrspülmittel in Berührung kommen. Die beste Art der Reinigung ist folgende: Unmittelbar nach der Verwendung, noch in heißem Zustand unter fließendes Wasser halten und mit der Wokschaufel alle Speisereste entfernen, eventuell mit einem weichen Schwamm ohne Spülmittel auswischen, gleich danach auf der Herdflamme trocknen, damit kein Rost entsteht. Für eine gründliche Reinigung schüttet man Salz in den trockenen Wok, erhitzt ihn und reibt das heiße Salz mit Papier fest über die Innenfläche. So werden auch alle Gerüche entfernt.

ML

INDEX

GLOSSAR

Blunzen	Blutwurst
Dörrzwetschke	Dörrpflaume
Erdapfel	Kartoffel
Germ	Hefe
Holler	Hollunder
Karotte	Möhre
Kren	Meerrettich
Kutteln	Kaldaunen
Maroni	Edelkastanie
Ochsenschlepp	Ochsenschwanz
Palatschinke	Pfannkuchen
Paradeiser	Tomate
Rote Rübe	Rote Bete
Sauerrahm	Saure Sahne
Schlagobers	Süße Sahne
Semmelbrösel	Paniermehl
Suppengrün	Wurzelgemüse
Topfen	Quark
Verhackertes	Aufstrich aus Rohspeck
Zwetschke	Pflaume

DANKE

Hakim Ali Ibrahim, Christian Brandstätter, Jutta Bussmann, Heinrich Camondo, Ibrahim Dogan, Maria Eckelt, Dieta Eder, Bernhard Fellinger, Karl Grasl, Siegfried Hasil, Hayro Hernandez-Ineken, Martina Himmelsbach, Walter Hollinetz, Konrad Holzer, Elisabeth Hölzl, Gingi Huber, Rosa Hutter, Juzo Itami, Joy & Guy vom Lamai-Beach, Clemens Kopetzky, Peter Kubelka, Tateos Kücüksivazliyan, Yüksel Lal, Barbara Lampel, Brigitte Langoth, Sarah Langoth, Mario Linemayr, Maria Maincz, Diana May, Lorenzo Morelli, Vittorio Morelli, Tante Mundrich, Jacqueline Pfeiffer, Wolfgang Palme, Tante Pauz, Elisabeth Prommer, Johann Reisinger, Franz Reiter, Peter Retschitzegger, Rainer Rosenberg, Elfi Schachinger, Elisabeta Simon, Alfred Stadler, Stefan Swoboda, Stefan Tardy, Ernst Toifl, Alfred Treiber, Erkan & Görkhan Umar, Felix Vidensky, Christoph Wagner, Werner Walkner, Frieder Walter, Gudrun Weyss-Heinzl, Albert Winkler, Manuel Zauner